고려대
명강사

최고위과정 19기

고려대학교 미래교육원
명강사 25시

고려대
명강사

최고위과정 19기

이수병, 송정훈, 조형만, 김지수, 백옥희, 엄윤숙, 김은주,
신은재, 이지현, 송정숙, 김은혁, 황의천 지음

나비의 활주로

유석훈 고려대학교 미래교육원장

안녕하세요.

고려대학교 명강사 최고위 과정 19기를 성실하게 수료하시고 그 소중한 결과물로『명강사 25시』를 공동출간하게 된 것을 축하드립니다.

현대 사회는 어느 한순간도 예측을 불허할 정도로 역동적인 변화를 보이고 있습니다. 암울한 전 지구적인 질병으로 인한 수난이 끝나기도 전에 시작된 동부유럽과 중동에서의 전쟁은 탈세계화deglobalization와 탈동조화debuckling를 넘어서서 극한의 위기 상황으로 인류를 몰아가고 있습니다. 이에 더해서 전 지구적으로 확산 중인 환경오염, 이상기후, 빈부 및 교육 격차, 인종차별 등은 더 이상 평화로운 지구를 꿈꾸는 것조차 어렵게 만들고 있습니다. 이러한 예기치 못했던 상황들을 파악하고 헤쳐 나가기 위해서는 새로운 세계관과 가치관의 정립이 필요합니다. 최근 UN에서는 사회 전반에 걸친 SDGSustainable Development Goals, 지속 가능한 발전목표라는 가이드라인을 마련하여 전 지구적인 위기를 극복하고 삶의 질을 개선하려는 노력을 하고 있습니다.

본 고려대학교 명강사 최고위 과정은 지난 10여 년간 각 분야의 전문 강사님들이 참여한 가운데 전문적이고 미래지향적인 커리큘럼을 통하여 430여 명에 달하는 전문강사들을 배출함으로써 고려대학교 미래교육원의 대표적인 프로그램으로 자리매김하였습니다. 이렇게 배출된 전문강사님들은 인류사회 및 대한민국 사회 곳곳에서 대두되는 주요 현안들에 대한 치밀한 관찰과 정밀한 분석을 통하여 현명한 대안을 찾아내고 이를 각각의 강의안으로 작성하여 수요자들에게 맞춤 강의 형식으로 전달함으로써, 앞서 언급한 UN의 SDG 가이드라인을 엄격히 준수해왔고 또 앞으로도 계속해갈 것입니다. 『명강사 25시』는 이렇게 양성된 해당 기수 수료생들이 참여하여 집중적인 집필 교육 및 연구를 통하여 완성된 매우 높은 수준의 결과물입니다.

명강사 최고위 과정을 성실하게 수료하시고 또 본 『명강사 25시』 출간을 위하여 애쓰신 집필자분들께 심심한 축하의 말씀을 드리고, 또한 우리 사회에 산재한 복잡한 문제들을 해결하는 데에 있어서 본 저서의 옥고들이 독자들에게 솔로몬의 지혜로 다가가게 될 것을 기대하며 축하의 글을 마칩니다.

2024. 6

유석훈

황의천 고려대 명강사 최고위과정 19기 원우회장

열두 송이 꽃이 몽글게 돋고 있습니다. 꽃들 이름을 불러볼까요. 은주꽃, 은혁꽃, 지수꽃, 옥희꽃, 정숙꽃, 정훈꽃, 은재꽃, 윤숙꽃, 수병꽃, 지현꽃, 형만꽃 그리고 나의 꽃. 고려대 명강사 최고위과정 19기가 2024년 3월부터 안암골에 뿌리를 뻗치고 초록의 순간을 지나 장미처럼 물들더니 마침내 그 꽃의 몸부림 "고려대 미래교육원 명강사 25시-최고위과정 19기"를 피워냈습니다.

아팠던 별, 슬펐던 별, 덤덤했던 별, 하얀 눈의 별, 고통의 달콤함을 깨우친 인생의 개척자 12인이 담금질한 16주. 강의 기획부터 소통과 화합의 조율, 감동 수련, 마케팅 능력, 품격 있는 스피치, 인문학 소양과 창의적 교수법까지 내공을 버무린 울림들이 고스란히 살아있습니다.

명강사란 무엇일까? 의문의 첫 질의부터 시작된 여행, 명확한 메시지 전달뿐만 아니라 감동과 감화를 주고 실천하게 하는 힘을 가진 사

람이 아닐까 하는 해몽으로, 결국 사람을 사랑하고 존중하는 참모습이 명강사임을 깨달아가는 멋진 소풍이었습니다. 명강사는 존재 자체로 귀감이 되는 리더이자 프런티어의 길을 가는 사람들입니다.

이 책이 나오기까지 묵묵한 열정으로 다독여주신 영원한 푸름 서일정 대표강사님, 세세한 일정을 챙겨주시고 조각해주신 조영순, 이문재 운영강사님께 인연의 덕으로 깊이 감사드립니다. 특히 12인의 한 올의 땀방울도 새지 않도록 한 글자 한 글자 아로새겨주신 송정훈 공저회장님과 백옥희 공저위원장님께 마음의 끈으로 감사의 마음을 항아리째 드립니다.

이 책은 100세를 살아가는 우리를 위한 알곡들의 12장 교향곡입니다. 세상에 나가 명강사가 되고 싶어서, 세상에 나가 나만의 스토리가 되고 싶어서, 세상에 나가 나만의 꽃을 피우고 밤하늘에 별이 되고 싶어서, 이 책을 동행의 보따리에 챙겼다면 독자님께서는 이미 세상 너머의 저 창문이 두려움이 아닌 도전임을 알았을 것이기에 축복과 열망의 박수를 보냅니다.

TABLE OF CONTENTS

PART 1 새벽 강을 깨우는 첫 화두

CHAPTER 1 화두, 어떻게 살 것인가?_ 이수병

CHAPTER 2 취업준비생, 사회 초년생을 위한 이. 제. 해. 영. (이렇게 해 봐, 제약·바이오 해외 영업)_ 송정훈

PART 2 대양의 푸른 돛을 달고

PART 3 인생, 그 숭고함을 위하여

PART 1

새벽 강을 깨우는
첫 화두

CHAPTER 1

화두, 어떻게 살 것인가?
|이수병|

삶에 정답은 없다. 있다면 살아가고 있는 아니 지금까지 살아왔던 모든 이들의
삶 하나하나가 정답이다. 그렇게 살아야 한다. 내 삶이 정답인 것처럼 살아야 한다.

학력 및 경력 사항

- 연세대학교 생화학과 졸업
- 나무기술㈜ 이사회의장
- 나무ICT㈜ 대표이사
- 나무JAPAN 대표이사
- 전) 나무기술㈜ 대표이사
- 전) 연세대학교 총동문회 상임부회장(기획분과위원)
- 고려대 명강사 최고위과정 19기 교육회장

Email nonflex@gmail.com

수상 경력

· 2012년 하이테크어워드
경영부문 대상

저서

· 고려대 명강사 25시(공저)
- 화두, 어떻게 살 것인가?

1. 내 인생의 화두

화두話頭의 사전적 의미는 '이야기'이다. 이야기이되 불교의 근본 진리를 묻는 물음에 대한 선사들의 대답이거나 혹은 제자를 깨달음으로 이끄는 언어, 행동을 기술한 것이다. 화두는 기본적으로 어떤 물음에 대한 대답의 형식을 가지고 있다. 불교의 근본 진리에 대한 물음이다. 그러기에 불교를 수행하고 깨달음을 얻고자 하는 사람은 반드시 거쳐야 하는 관문이요, 길이다.

화두를 공안이라고도 한다. 공안은 관청의 공문서를 뜻한다. 철저히 이행되어야 한다는 의미이다. 그러나 오늘날 이 말은 선불교의 전유물에서 벗어나 일상적인 삶에서 무언가 지속적인 관심이나 몰입의 대상이라는 의미로도 흔히 쓰이고 있다.

선불교의 종교적 의미에서는 신비의 영역이고 신성하고 초월적인 수행의 방편으로 여겨지지만 나에게 화두란 당연히 세속적인 영역이고 삶의 방향성과 관계되어 있다. 내 인생을 돌아보면 대단하지 않은 나만의 화두를 만들고 그것을 지침으로 삶을 헤쳐 왔다.

어렸을 때부터 아마 대학교 입학하기 전까지는 당연히(?) 목표가 없었다. 물론 어릴 때에는 과학자가 되어서 노벨상을 받고 대통령이 되고 등등 인생의 목표처럼 보이는 여러가지 꿈들이 있었다. 현실이 반영되지 않은 진짜 꿈이다. 이 시기에는 부모님에게 기대고, 선생님에게 배우며 선생님을 맹목적으로 따르고, 친구들 얘기에 심각해하고, 나는 그랬던 것 같다.

그 시절 이런 형태와 다른 생각들을 가졌다면 그 사람은 사회를 일찍 배울 수밖에 없는 환경이었을 것이다. 힘들게 자란 애들이 철이 일찍 든다. 사회를 빨리 배우게 된다. 하지만 나는 아니었다. 다행인지 불행인지.

우린 그냥 공부 잘하고 선생님 말 잘 듣고 남들이 부러워하는 좋은 대학 들어가면 모든 것이 앞으로 술술 잘 풀릴 것이라고 생각했다. 정말 대학에 들어가기까지만, 딱 거기까지.

대학에 입학하고 서울에서 하숙생활을 하면서 나는 처음으로 자유를 누렸다. 진정한 의미의 자유는 아니었다. 그 시절 자유는 일종의 방종과 동급으로 생각되었다. 자유가 사람에게 행복을 가져다주지 않는다. 고민을 주고 두려움을 주고 무료함도 주고 아무튼 이상한 것들을 나에게 잔뜩 주었던 것 같다. 준비되지 않은 사람에게 던져진 자유는 그냥 작은 재난일 뿐이다. 시련은 나를 강하게 한다, 물론.

맹자는 "어떤 사람에게 큰일을 맡기려 할 때는 5가지 역경과 시련을 주는데, 그 사람의 정신을 고통스럽게 하고(苦其之心), 육체를 고달프게 하고(勞其筋骨), 굶주림의 고통을 주고(餓其體膚), 처지를 불우하게 하고(空乏其身), 하는 일마다 실패를 거듭하게 한다(亂其所爲)."라고 하였다. 사람에게 큰일을 내리려면 우선 몸을 힘들게 하고 마음을 힘들게 하는 등 고난을 준다는 얘기이다. 『맹자』고자장 편에 나오는 얘기이다.

그래 맞는 말이다. 등소평도 힘들 때 이 문구를 보면서 고통의 시간을 견뎌냈다. 그렇게 거창하게 인용하지 않아도 인간은 학습하는 동물이니까 경험을 통해 당연히 배우고 성장한다. 하지만 그 과정에서 발생한 결과물들은 오롯이 내 책임이다. 학창시절 처참한 학점은 기본이고, 부수적으로 무너지고 망가지고 한 것들을 회복하는 데는 시간이 많이 걸린다.

그 시절 내 인생의 화두가 있었으면 어땠을까?

대학 졸업 후 나를 이끌어 주던 화두들이 그 시절 있었다면 나의 인생은 더 나아졌을까?

쓸데없는 생각을 해 본다.

하고 싶은 이야기는 이것이다. '화두를 갖고 산 이후 내 삶은 분명 더 명확해지고 단순해지고 실천적이었다.'는 것이다. 그 얘기를 해 볼까 한다.

2. 낭중지추(囊中之錐)란 말, 아시는지

<출처: 네이버 블로그>

낭중지추란 '주머니 속의 송곳'이란 말이다. 재능이 뛰어난 사람은 숨어 있어도 언젠가 드러나고 알려짐을 이르는 말이다. 주머니 속에

넣어둔 송곳은 뚫고 튀어나오기 마련이다. 중국 전국시대 조나라 평원군과 모수의 일화에서 나왔다.

전국시대, 진秦나라가 조나라를 공격하자 조나라 왕은 초楚나라에 사신을 보내 외교적으로 문제를 해결하고자 했고, 이 임무를 평원군에게 맡겼다. 평원군은 자신의 집에 머무는 수천 명의 식객 중 20명을 선발하여 초나라에 가는 임무에 동행케 하려고 했다. 그런데 식객 중 19명은 선발했으나 나머지 한 명은 뽑을 만한 사람이 없었다.

이때 모수라는 식객이 자신을 뽑아달라고 나섰다. 이 모수란 자는 평원군의 집에 머무는 수많은 식객 중 말단으로, 그간 어떠한 두각도 드러내지 않았고, 따라서 자신의 식객이지만 평원군도 처음 보는 사람이었다.

평원군은 모수에게 "선생은 내 집에 머문 지가 얼마나 되었소?"라고 물었다. 모수가 3년이 되었다고 답하자, 평원군은 다음과 같이 말했다.

"보통 재능 있는 사람은 비유하자면 송곳이 주머니에 들어있는 것처럼(囊中之錐) 송곳 끝이 주머니 밖으로 나타나기 마련입니다. 그런데 선생은 내 집에 와서 3년이나 지났건만 주변에서 선생에 대해서 얘기를 하거나 칭찬하는 것을 나는 들어본 적이 없습니다. 이는 능력이 없다는 것이니 남아 있으시오."

요즘 말로 듣보잡이니 끼지 말라는 얘기이다. 3년이나 식객으로 있으면서 이름도 알리지 못했으니 능력이야 두말없이 별로일 것이고 중요한 사신 일행에 낄 자격이 없다는 말이다. 평원군 입장에서는 할 수 있는 당연한 얘기를 한 것이다. 하지만 모수는 굴하지 않고 말한다.

"써 봤어? 주머니에 넣어 봤어?"

주머니에 넣어서 삐져나오게 해 봤냐고 항변한다. 말은 정중했겠지만 뜻은 대충 그러했다. 결론적으로 평원군은 모수를 일행에 포함시키고 초나라에 가서 합종 동맹을 이끌어 낸다. 물론 어려운 위기에서 모수가 뛰어난 활약을 했다.

이 낭중지추는 첫 직장을 다닐 때 내 맘속에 가지고 있던 화두였다.

특별한 준비 없이 시작한 첫 사회생활이었기에 그 선택이 나에게 고통으로 다가오기까진 그렇게 오랜 시간이 걸리지 않았다. 대학생활 마지막을 이런저런 고민으로 낭비하고 결국은 아무것도 못 하고 쫓기듯 한 선택이었다. 정말 마음에 들지 않았었다.

그때는 나에게 동기부여가 될 뭔가가 절실히 필요했다. 돈이 될 수도 있겠지만 신입사원 월급이야 뻔한 것이고, 나는 내 안에서 그 뭔가를 찾아야만 했다.

'우선 이 회사 3년은 다닌다.' 이렇게 결심했다. 그리고 이런 나와의 약속을 지키기 위해서 선택한 것이 '낭중지추'란 화두였다. 솔직히 선택한 것이 아니라 그냥 나에게 이 말이 와서 꽂혔다. 나는 주머니 속의 송곳이다. 지금은 비록 이러고 있지만 언젠가는 내 날개를 훨훨 펴고 날아갈 것이다. 사람들아 나를 무시하지 마라. 정리하면 이런 느낌. 오글거린다.

출근하고 내가 한 일이 있다. 이 일을 하기 위해 제일 먼저 출근을 해야 했다. 누가 시킨 것도 아닌데 자발적으로 했다. 이거라도 해야 마음의 안정을 얻는 느낌이었다. 출근해서 텅 빈 사무실을 바라보고 걸레를 빨고 책상을 하나하나 닦았다. 내 책상뿐만 아니라 내가 근무하는 층의 모든 책상을 닦았다. 나중엔 책상을 닦는 게 아니라 내 맘을 닦는 기분으로 닦고 또 닦았다. 아무 생각 없이 무심히 닦은 적도 있지만 속으로 낭중지추를 떠올리면서 닦았다. 내 맘을 닦았다. 다행히 아무도 몰랐다. 이직한 후 한참 시간이 지난 뒤에 친한 선배에게 얘기하니 놀라워했다. 왜~~~ 그런 짓을 했냐면서. 그 선배에겐 그 행위가 이해되지 않는 단순한 노동처럼 보였던 것이다.

화두는 쉽게 내게 오지 않는다. 맘 속에 간직하고 계속 떠올리고 다듬고 키워 나가야 한다. 어째 화두 덕분인지는 몰라도 첫 직장을 인정받으면서 다녔고, 좋은 사람들과 만나서 인연을 맺고, 많은 것을 배웠다. 평생을 함께할 인생의 멘토도 이때 만났다. 희한하게 모수가 3년 평원군 식객 노릇을 했듯이 나도 3년 그 직장을 다녔다. 사람들은 이상한 데 의미를 갖다 붙인다. 좋게는 동질감을 느끼는 것이고, 한편으로는 유명세에 묻어가고픈 것이다.

첫 직장생활을 하는 동안 품었던 화두는 세 가지였다.

첫 번째 화두가 낭중지추이다.

이 화두는 존경하는 선배를 통해 우연찮게 들었고 가슴에 절실히 와닿아서 마음에 품게 되었다. 그리고 배웠다. 이분도 나와 비슷한 마음으로 그때를 버티며 보낸 건지도 모르겠다. 솔직히 물어보진 못했다. 짐작만 할 뿐이다. 각론은 모르겠지만 총론적으로 보면 같은 공간에서 같은 시간을 보낸 동료들은 비슷한 경험을 했을 터이다. 그것이 좋았든, 싫고 괴로웠든. 중요한 건 연대감이 아닐까. 인생의 시기를 나눌 때 똑같이 나누어지지 않는다. 시간으로 같은 3년일지라도 그 깊이는 다르다. 나도 젊었을 때 꽤 여러 직장을 다녔다. 그중에서 소중한 사람을 만났던 곳, 시간이 지나도 추억으로 남아 있는 곳이 있다. 첫 직장이 나에겐 그러했다. 첫경험이 언제나 강렬하다. 첫사랑을 남자들이 잊지 못하듯이. 하지만 그 이상의 무언가가 있는 듯하다.

난 그걸 연대감에서 찾는다. 그분들과는 아직도 깊은 연대감을 느낀다. 그때 그 회사에서의 일이 힘들긴 했다. 그러나 이 감정이 힘든 시간을 같이 보내고서 생기는 동지애 같은 것은 아닌 것 같다. 군 생활을 같이한 전우들에게 느끼는 감정과 유대감도 비슷한 성질의 것일 것이다. 하지만 그분들은 그냥 지나갔다. 강렬한 시간을 같이 보냈지만 그게 다인 것이다.

설명이 좀 더 필요할 듯하다. 사람을 만나보면 이 사람은 나하고 맞고 또 저 사람은 영 나하고 맞지 않음을 금방 안다. 그 사람이 좋고 싫고의 문제가 아니다. 그냥 왠지 나하고 안 맞다고 느낀다.

요즘 MBTI로 성격을 진단하고 평가를 많이 한다. 예전에는 혈액형으로 그 사람의 성격을 자기 맘대로 생각하고 유추한 적도 있었다.

난 A형인데 왠지 소심해야 되고 내성적이어야 되고 잘 삐지고 뭐 이래야만 할 것 같았다. 여자들이 꼭 많이 물어본다. 그런 것들에 나 자신의 평가를 맡기는 것이 불합리하다. 하지만 사람들은 개인의 하나하나 다름에 신경 쓰고 싶지가 않은 것이다. 그래서 일반화한다. 그냥 "넌 이러니까 이런 부류의 사람이야."라고 쉽게 판단한다.

도올 김용옥 선생의 책을 좋아한다. 읽은 책 중 언어의 일반화에 대해 언급한 부분이 기억난다. 언어를 통해 우린 모든 사물을 일반화하고 관념화한다. 예를 들어 나무라고 하면 떠오르는 일반적인 생각들이 있다. 그것이 나무이다. 하지만 개개의 나무라고 불리는 것들을 들여다보면 같지 않은 면들을 쉽게 보게 된다. 그러나 일일이 그런 것들을 나무 A, 나무 B 등으로 표현할 수 없으므로 우린 그냥 통칭 나무라고 한다. 사랑이라는 말을 누군가에게 표현했을 때도 우린 그냥 관념적으로 일반화한 사랑을 생각한다. 들여다보면 그 사람이 어떤 감정으로 그 표현을 했는지 여부는 이 언어에 담겨 있지 않다. 귀엽다고 느낀 건지 그냥 순수한 감정이었는지 아니면 육체적인 느낌과 관련된 건지.

그런 것이다. 언어로는 우리의 감정을 다 표현할 수 없다. 때론 느낌이 중요하다. 비과학적으로 보이는 것들. 그런데 우린 알고 있다, 그 느낌들을. 사람에 대해서도 난 종종 느낀다. 말이 짧아서 그런지 잘 표현은 못하지만 난 안다. 그냥 그 사람하고 왠지 맞을 것 같다는 것을.

때론 말보다 서로 오가는 눈빛과 따스한 손길 그리고 냄새에서 그 사람을 더 알게 된다. 난 향기가 좋은 사람이 좋다. 사람의 향기가 나는 사람. 보통 사람에게 좋은 냄새가 난다고 하진 않는다. 냄새는 부정적인 이미지이다. 사람은 각자의 향기가 있다. 어쩌면 냄새가 있는 사람들도 많을 것이다. 사람들에게서 향기가 났으면 좋겠다. 그 사람만의 고유의 향기가.

인위적으로 뿌려진 향수의 냄새가 아니라 그 사람이 살아온 세월이 묻어나고 생각이 묻어나고 마음이 묻어나는 향기. 요즘은 향기보다는 사람 냄새를 맡기가 십상이다. 대중교통을 타지 않고도, 엘리베이터를 타지 않고도 쉽사리 냄새들을 맡는다. 어떤 땐 역겨워 고개를 돌리고 코를 막는다.

오랫동안 한 직종에 종사한 사람에게서 어쩔 수 없이 몸에 밸 수밖에 없는 냄새도 그 사람의 미소와 따뜻한 맘이 함께라면 향기로울 수 있다. 난 여기서 단순히 개인의 취향을 논하고 싶지는 않다. 책을 많이 읽은 사람에게는 분명 향기가 난다. 나를 아주 기분 좋게 하는….

이런 분들에게 난 연대감을 느낀다. 아니 느끼고 싶다.

세상살이가 내 맘대로 되진 않는다. 실패도 하고 실수도 하고 그렇게 산다. 그런 경험들이 쌓이면 두려워하게 된다. 세상이 무섭다. 실패가 싫어 도망가고 싶고 지금 이 순간을 회피하고 부정한다. 그런다고 마음이 편해지거나 상황이 나아지진 않는다. 일종의 자기부정이 필요한 때가 있다. 내가 처한 현실이 너무 마음에 들지 않을 때 그러하다.

나의 경우는 대학졸업 직전과 첫 직장 시작 때 그랬다. 낭중지추는 그 시절 가졌던 나의 화두이다. 주머니 속의 송곳이 되자. 나는 송곳이다. 그러기에 감추려 해도 드러날 것이다. 재능은 숨기려 해도 드러나고 나의 재능과 능력을 믿는다. 지금 보잘것없더라도 그건 나의 때가 오지 않았기 때문이다. 머 이런 자신감을 갖게 해주는 단초가 되었다.

고민을 한다고 일이 풀리진 않는다. 세상에 고민을 많이 해서 무언가를 이루었다는 사람을 난 본 적이 없다. 지금이 문제라면 생각을 단순하게 하는 것이 도움이 된다. 생각을 단순하게, 심플^{simple}하게 하자.

도움이 되는 것이 화두를 품는 것이다. 스님들이 공안에 집중하여 도를 닦는 것처럼, 우리는 우리만의 인생 화두를 품고 그 순간 내게 온 그 삶을 오롯이 견디며 살아내야 한다.

글쓰기도 마찬가지이다. 아무리 고민하고 시간을 들여도 완벽한 글이 나오진 않는다. 내 얘기가 아니고 조영순 강사님의 말씀이다. 그냥 써라. 써 내려가라. 좋은 글은 엉덩이에서 나온다. 좋은 태도이다. 앞으로 우리가 글을 쓰기 위해 배워야 하는 것들은 이런저런 스킬이 아니라 엉덩이와 허벅지 근육을 키울 스쿼트일지도 모르겠다. 얼마나 단순하고 멋진 생각인가. '엉덩이'를 글쓰기의 화두로 삼아 볼 만하다고 생각한다.

〈 라구나스타 사진 〉

3. 낭중지추는 기다림의 미학이다

조급하지 않고 서두르지 않고 일을 처리하게 한다. 나 스스로 뽐내지 않아도 언젠가 누군가가 나를 알아줄 텐데 굳이 나서서 모양 떨어지게 자기 피알PR할 필요도 없다. 내 실력만 쌓으면 된다. 일상생활에서 서두르다 일을 망쳐 본 경험들이 있을 것이다. 나도 마찬가지이다. 모든 일에는 때가 있는 법인데, 그 때를 당기려 무리한 시도를 하다가 낭패를 본다. 욕심이 앞서기 때문이다. 과욕은 화를 부른다. 서두르지 않고 자기 때를 기다리면 된다. 일생에 세 번의 큰 기회는 온다고 하지 않는가. 큰 기회까지는 아니더라도 이런 마음가짐으로 일상을 보내다 보면 모든 일이 잘 풀린다.

나는 가끔 골프를 즐긴다. 칠 때마다 더 잘 칠 수 있을 것이라는 욕심이 앞선다. 그럴 때면 항상 몸이 서두른다. 내 중심에서 내 샷을 건

고하게 쳐야 하는데 마음이 앞서다 보니 손이 앞서서 미스샷을 치게 된다.

인생도 비슷하다. 손이 앞서서 치는 미스샷이 아니라 내 중심에서 나오는 굿샷을 쳐야 한다. 인생의 굿샷은 서두르지 않고 내 중심에서 칠 수 있는 마음가짐에서 나온다.

『삼국지』는 내 인생의 책 중 하나이다. 여러 번 읽었다. 처음 접한 건 아마 고우영 만화를 통해서였을 것이다. 책으로는 중학교 때 정비석의 『삼국지』를 처음 읽었다. 그리고 이문열의 『삼국지』를 몇 번 읽었다. 어릴 땐 오락도 일본 Koei사에서 발매한 삼국지만 주야장천 했던 기억이 있다. 그만큼 『삼국지』라는 책과 관련된 콘텐츠를 좋아했다. 그 속에 나오는 많은 영웅들에게 감동했었다. 내 최애 캐릭터는 상산의 조좌룡, 조운이다.

각설하고, 『삼국지』에는 낭중지추 같은 이들이 무지 많이 등장한다. 대표적인 인물이 제갈량이다. 초야에 묻혀 자기를 알아줄 주군을 기다리며 천하삼분지계의 계략을 품고 있는 용과 같은 송곳. 유비의 삼고초려로 인해 제갈량의 기다림은 드라마틱한 등장 신으로 만들어진다. 기다림이 자기를 알아주는 이를 통해 빛을 발한 것이다.

내가 생각하기에 낭중지추의 기다림을 가장 잘 실천하고 활용한 인물은 유비이다. 관우와 장비를 만나서 도원결의를 맺기 전 유비의 이야기를 기억하는 사람들은 별로 없을 것 같다. 난 이상하게 초반에 등장하는 그때 일화가 항상 인상적이었다.

유비는 공손찬(이후에 예전 연나라, 고구려와 인접한 동북의 패자가 되어 원소와 패권을 다투게 된다.)과 함께 노식 밑에서 사사를 받았다. 공손찬과 유비는 동문인 셈이다. 노식은 젊은 유비를 매우 아꼈던 것 같다. 노식이 조정의 부름을 받아 더 이상 유비를 가르칠 수 없게 되자 유비의 가능성을 본 노식은 정현에게 유비를 추천하는 글을 써 주고 찾아가라고 한다. 이에 길을 떠난 유비가 개울을 건너고 있는데 어떤 허름한 노인이 유비를 부른다.

"섰거라. 이 귀 큰 어린놈아."

그러곤 자기를 업고 개울을 건너 달라고 한다. 이에 유비는 군소리 없이 건너던 개울을 돌아와 노인을 업고 강을 건넌다. 맞은편에 와서 이 노인이 보따리를 두고 왔다고 큰소리를 치며 다시 왔던 곳으로 업고 가라고 한다. 유비는 또 군소리 없이 건네준다 몇 번을 반복하고 또 욕하고 적반하장 소리친다. 이 모든 걸 유비는 감내한다. 대단한 인내심이 아닐 수 없다. 이에 이 노인은 본색을 드러낸다. 한순간에 도인 같은 풍모를 드러낸다. 그러면서 유비에게 묻는다.

"귀 큰 아해야~ 넌 어찌 이 모든 수고스러움을 참을 생각을 했느냐?"

그러자 유비가 대답한다.

"잃어버리는 것과 두 배로 늘어나는 차이 때문입니다."

노인이 말한다.

"그걸 알고 있다니 무서운 아이로구나. 그게 바로 개 같은 선비들이 입만 열면 말하는 인의(仁義)의 본체이다. 그걸로 빚을 주면 빚진 자는 열 배를 갚고도 아직 모자란다고 생각하며, 그 길로 다른 사람을 부리려 들면 그는 목숨을 돌보지 않고 일하게 된다."

그러고는 마지막으로 머리 위의 고목나무를 가리키며 이 고목이 몸으로 다하고 있다며 귀를 기울여 보라고 하며 떠난다. 선문답을 남기고 떠난 것이다.

여기까지가 '상산의 한 나무꾼 늙은이'라고 불리는 기인과의 일화이다. 『삼국지』 초반에 나오는 얘기라서 『삼국지』를 좋아하는 사람은 기억할지 몰라도 나처럼 초강력 초특급으로 짱짱하게 인상 깊게 보지는 않았을 것이다.

난 젊은 시절 유비가 얘기한 '잃어버리는 것과 두 배로 늘어나는 차이'의 깨달음을 이때 배웠다. 손해 본다고 꼭 손해 본 것이 아니고 이익을 본다고 꼭 이익을 본 것이 아니다. 소탐대실하지 말아야 한다. 오른손이 하는 일을 왼손이 모르게 하라. 연관된 나의 화두들이다.

우리는 항상 남들보다 지금 이 순간 더 가져야 한다고 생각한다, 손해 보기를 죽기보다 싫어한다. 지금 나의 자그만 손해와 수고스러움이 큰 시간 큰 의미로 봤을 때 유비의 이야기처럼 두 배로 늘어날 수 있다고 생각하지 못한다. 아니 생각하는 건, 의도하는 건 모두 잔머리일 수 있다. 이건 그냥 몸에서 나와야 하는 몸언어이다.

기다림의 미학을 모르는 사람은 근본적으로 이걸 할 수 없다. 수고를 잃어버린 게 아까워 버럭 화를 내기보다는 남이 내 행위에 고마움을 느끼도록 기다려 줘야 한다. 낭중지추의 언어이다.

유비도 이 화두를 품고 있었을까? 이후 고목나무를 한참 쳐다본 유비는 깨달음을 얻고 다시 탁군 고향으로 돌아가 돗자리를 삼기 시작한다. 이후 동네 불량배 우두머리 노릇을 하다가 관우 장비를 만나 도원결의를 맺고 세상으로 나오게 된다. 이때 유비는 고목나무에서 무엇을 보았을까? 유비는 고목나무에서 지금 쓰러져 가는 한왕조를 보았다. 추천장을 들고 정현을 찾아가 공부를 하고 이후 벼슬길에 나가는 것이 의미 없음을 깨닫는다. 때가 아님을 알게 된다. 그래서 낭중지추가 되어 때를 기다리게 된다.

이후 유비가 지나간 길을 보면 발 빠르고 약삭빠르고 재주가 많은 조조나, 부잣집 막내아들 같은 강남 땅에 사는 손권 같은 패자들과 다르다. 왠지 비루해 보이고 비겁해 보이고 능력 없어 보이지만, 백성들의 신망을 받아 자신만의 길을 걸어 나간다. 자신을 믿고 때를 기다리고 그 때가 왔을 때 스스로 드러난 것이다.

성격이 느긋한 사람들이 있다. 왠지 여유가 있어 보인다. 어쩔 땐 좀 답답해 보이기도 한다. 밥도 천천히 먹고, 대답도 천천히 하고, 행동도 굼뜬다. 이런 사람들은 주위 사람들에게 약간의 짜증을 유발시킬 수는 있으나 피해는 주지 않는다.

또 게으른 사람들도 있다. 이런 사람들은 주위에서 환영을 받지 못한다. 우리나라는 예로부터 게으른 사람을 죄악시했다. 전형적인 농본주의 유교국가라서 농사가 가장 중요한 산업인데 게으른 사람을 어찌 용납하겠는가. 일제 식민화를 거쳐 자본화가 된 이후에도 우린 거의 전 국민이 부지런히 일했다. 호떡 집에 불난 것처럼 이리 뛰고 저리 뛰고 그렇게 바삐 살았다.

현재 지배적인 국가 형태는 자본주의를 기반으로 한다. 자본주의가 중심인 현세는 과학의 시대이다. 중세 신 중심 아니 교회 중심 시대를 지나 르네상스 이후 인간이 중심이 되는 시대가 도래했다. 중세 시대엔 과학이 종교의 눈치를 볼 수밖에 없었고 돈 있는 소수 귀족들의 취미 정도로 여겨졌다. 신의 이름으로 인간들이 저지른 수많은 잘못들을 뒤로하고 근대 인간 중심의 사회를 열었다. 산업혁명으로 페달을 밟기 시작한 인류는 현세에 와서는 어마어마한 과학적 성장을 배경으로 많은 것을 변화시키고 있다. 어지러움을 느낄 정도이다. 스마트폰이 없으면 살 수 없는 세상이다. 무인도 갈 때 가져갈 단 한 가지를 고르라면 거의 모든 사람이 스마트폰을 선택할 것이다. 요즘은 AI니 빅데이터니 클라우드니 하는 IT뿐만 아니라 바이오 그리고 우주에 대한 관심과 함께 우리 인류의 과학적 역량의 증가로 자신감도 증가하고 있다. 이대로 우리는 150세까지 살 것 같고 화성에도 가고 머지않아 더 멀리도 갈 수 있을 것이다.

MZ세대 이후 사람들이 살아갈 세상을 난 상상하기가 참 어렵다. 많은 미래학자들이 이리저리 예측하고 상상해 보지만 삶이 그렇게 뜻대로만 흘러가겠는가. 하지만 큰 줄기는 맞을 것이다. 기후변화에 대한 위기감도 있고 AI 기술의 발전이 가져올 변화에 대한 위기감도 크다. 우린 SF영화를 너무 많이 봤다. 그래서 알 건 다 알고 있는 느낌이다. 〈터미네이터〉 시리즈를 통해 인공지능컴퓨터가 진화하여 인류와 전쟁하는 것도 봤고, 〈매트릭스〉란 영화를 통해서는 더 끔찍한 결과도 봤다. 과학의 발전에 우리 정신과 몸이 못 따라간다.

변화는 필연이다. 세상에서 오직 하나의 진리는 모든 건 변화한다는 거다. 변화가 곧 발전을 의미하진 않는다. 세상이 예전보다 살기 좋아졌다고 얘기하지만 거기에 동의하지 않는 사람들도 많다. 이 변화에 현기증을 느낀다면 좀 느긋하게 생각해 보자. 세상의 변화는 필

〈라구나스타 사진〉

연이고 나 개인이 그 흐름을 바꾸기엔 한계가 있으니 내 마음에 화두를 세우고 중심을 잡아보자.

나는 주머니 속의 송곳이다.

모든 것은 나로 말미암으니 내가 중심을 잡고 송곳이 되고자 하면 된다.

4. 낭중지추는 겸손함이다

잘난 자신을 주머니 속에 감춰 두려는 마음이 있다. 다만 때가 되어 두드러지길 바랄 뿐이다. 내가 스스로 뽐내지 않으나 드러나길 두려워하진 않는다. 용기가 필요하다. 용기는 나서지 않고 자신을 올곧이 다듬는 세월에도 필요하고, 나서고 싶어서 안달내는 나 자신을 달래는 데도 필요하다.

칭찬을 듣기 위해 우린 얼마나 힘겨운 노력을 했던가. 이후의 인생도 다르지 않다. 그 대상이 친구와 직장동료와 사랑하는 사람 그리고 가족들로 확대되고 변했을 뿐이다.

요즘은 SNS시대이다 보니 사람들은 불특정 다수에게도 인정받고 싶어 한다. 그래서 겸손함이 시대정신에 맞지 않다고 생각할 수 있다. 또 그러면 어떠냐. 과도하게 남을 신경 쓰는 것도 내 삶을 오롯이 사는 건 아니라고 생각한다.

MZ세대들의 삶이 부러울 때가 있다. 그들은 눈치 보지 않고 당당하게 자신들의 삶을 사는 것 같다. 우린 눈치를 많이 봤던 세대이다. 겸손함과 내 삶을 내 방식 내 호흡으로 사는 것은 모순되지 않는다. 눈치 보지 말고 살자. 단 겸손하게도 살자.

내가 좋아하는 유교이념 중에 '서恕'라는 개념이 있다. 기독교의 사랑과는 조금 다른 개념이다. 기독교에서 예수님은 이웃을 내 몸과 같이 사랑하라고 말씀하셨다. 내가 좋아하는 것을 남들에게 주라는 적극적인 개념이다. 그래서 기독교는 전도가 자유롭고 세다. 이 좋은 것을 이 천국을 이 예수님을 모든 사람에게 못 줘서 안달이다. 공자가 이야기한 서恕는 조금 다른 관점을 갖고 있다.

"자기가 바라지 않는 것은 남에게도 해서는 안 된다."

『논어』의 위령공 편에 나오는 이야기이다. 제자인 자공이 공자에게 한 마디 말로 평생 행해야 할 것을 나타낸다면 무엇인지 물었다. 그때 공자가 답한 것이 "서恕"이다. 자기라고 여기며 만물에 미치는 것이 '인仁'이고, 자기를 헤아려 만물에 미치는 것이 '서恕'이다. 정자程子의 말이다. 서는 다른 사람의 처지에 대한 공감과 이해를 강조한다. 유교에서 말하는 인仁이 기독교에서의 사랑의 개념과 가깝다.

손바닥의 앞뒤 같다. 한쪽은 적극적으로 하라는 것이고 다른 쪽은 하지 말라는 것이다. 우리는 살아가면서 이런 상황을 꽤 본다. 어느 쪽이든 장점이 있다. 세상에 대한 적극적인 시각들이 이 세계를 발전시켜 왔다. 하지만 난 솔직히 서恕의 관점에서 바라보는 것이 더 좋다. 사랑의 다른 방식이고 표현이라고 생각한다. 내가 좋아하는 코스모스 꽃을 바라보는 시각이다. 그저 바라볼 뿐이다.

요즘 자식을 키우면서 많은 생각들이 든다. 살만큼 살았지만 자식을 통해 인생도 배우게 되고, 인내도 배우고, 이해도 배운다. 다들 자식은 제 맘대로 되지 않는다고 한다. 이 얘기가 사랑의 관점이다. 적극적인 부모의 사람은 기독교적인 사랑과 닮아 있다. 하나라도 못 주어서 안달이다. 그런데 그 사랑이 과하면 독이 되기도 한다. 부모 입장에서는 아낌없는 사랑을 베풀었다고 생각하지만 그 결과가 항상 좋지만은 않다. 뉴스나 신문에서 그런 경우를 가끔 본다. 왜 그럴까?

하나만 생각해 보면, 나와 내 자식의 다름을 이해하지 못해서이다. 사랑은 거기서 출발해야 한다. 공자가 말한 서恕의 시선으로, 내가 당하고 싶지 않은 것을 주지 않아야 한다. 그래서 바라보고 기다려야 한다. 마음이 썩어가고 문드러지고 안타까워서 밤새 속앓이를 하여도 우린 바라보고 기다려야 한다. 스스로 일어날 때까지.

'줄탁동시'를 하여야 한다. 병아리가 안에서 나오려고 스스로 쪼는 것을 '줄'이라 하고, 밖에서 어미가 쪼는 것을 '탁'이라 한다. 현재 우리 사회는 탁이 너~~~~무 많고 넘쳐서 문제다. 스스로 깨는 행위인 줄을 기다려 주지 못하고 얼마나 많은 부모들이 탁탁탁 하고 있는가. 요즘

회사 결근도 엄마가 전화하고, 승진이 누락되면 아빠가 전화해서 난리를 치고, 취업 문제도 부모들이 자식의 스펙을 체크하고 이력서를 준비하고 시험도 알아본다. 내가 안 그러면 왠지 자식들에게 죄를 지은 것 같고 뭔가 남들에게 뒤처진 느낌이다. 사랑이 과해서 그렇다. 하지 말아야 한다. 진정 자식들이 잘 살길 바란다면.

진정 내 자식이 낭중지추 같은 송곳이 되길 바란다면
스스로 주머니 속의 송곳이 되도록 부모 역할을 제대로 해야 한다.

〈라구나스타 사진〉

5. 지구별 여행자

'지구별 여행자', 어느 시인이 이렇게 표현했다.

우리 각자는 자신에게 주어진 삶을 오롯이 자신만의 호흡으로 살아 내고 있다. 삶에 정답은 없다. 있다면 살아가고 있는 아니 지금까지 살아왔던 모든 이들의 삶 하나하나가 정답이다. 그렇게 살아야 한다. 내 삶이 정답인 것처럼 살아야 한다.

되돌아보니 나는 '어떻게 살아야 하나?'의 문제로 평생을 고민하며 살고 있다. 지금도 그러고 있다. 내 최후의 화두인 셈이다.

신념이 있는 사람들이 부러웠다. 확고한 신념을 가진 사람들은 얼굴에 빛이 난다. 사랑으로 자신감으로 행복으로 넘쳐 흐른다. 말 속에 초조함이나 고민 따윈 없어 보인다. 종교를 가진 사람들, 그중에 믿음이 투철한 사람들에게서 많이 본다. 한때 종교에 의지하여 내 삶의 방향을 잡아보고자 한 적이 있다. 쉽지 않았다. 그냥 신심이 부족하다고 여긴다. 정치와 종교 이야기는 하지 않는 것이 좋다.

'마더 테레사'는 하느님의 사랑을 평생에 걸쳐 온몸으로 실천하고 산 분이다. 그분의 삶 자체가 너무 경이롭고 위대해 많은 사람들의 존경을 받는다. 그런 그분도 가끔은 신이나 인생의 궁극적 의미에 대해서 의구심을 가지셨다고 한다. 친구들과 가까운 신부들에게 보낸 편지를 보면 "내 믿음은 어디에 있는가? 아무리 깊게 들어가도, 그곳에는 황량함과 어둠뿐이 없다. 만약 그곳에 신이 계신다면, 저를 용서해 주십시오."라고 썼다.

자신의 내면 상태와 공적으로 보이는 모습의 불일치를 거론하며 그 아름답고 평안한 미소는 모든 것을 감추는 가면이거나 외투라고 말했다.

쉽지 않은 신앙고백이다. 난 마더 테레사의 위대함은 자신을 솔직히 바라볼 수 있는 용기와 처절한 고민에서 비롯된다고 생각한다.

이런 종교적인 믿음이 투철한 위대한 분도 삶에 대해 고민을 하시는데 나의 작은 고민은 당연한 것이다. 많은 위안을 받는다. 믿음으로 무장하여 단순히 사는 것보다 평생 고민하며 사는 삶도 괜찮다.

하지만 우린 정신적으로 연약한 인간이다.

그러기에 삶에 기준을 삼아 기댈 만한 무언가 필요하다.

자신만의 화두를 정하여 삶을 헤쳐 나가는 지구별 여행자가 되는 건 어떠한가….

CHAPTER 2

취업준비생, 사회 초년생을 위한

이.제.해.영. (이렇게 해 봐, 제약·바이오 해외 영업)

| 송정훈 |

해외 영업 역시 영업이다. '끌림'을 통하여 상대에게 좋은 인상을 주고,

그 호감의 바탕에서 논의와 협상을 통하여 되도록 좋은 결과물을 이끌어 내는 것이다.

해서, 영업은 상대에 대한 존중에서 시작된다고 믿는다.

KOREA UNIVERSITY INSTITU

학력 및 경력 사항

- 한국외국어대 일본어과 졸업
- 고려대학교 경영대학원 마케팅 전공/MBA(경영학석사)
- 카투사(KATUSA)로 Camp Carroll에서 근무
- 동아제약(현 동아에스티) 전문약(ETC) 영업사원으로 입사(입사 2년 만에 전국 Top 7 영업인 선정)
- 당뇨병, 발기부전, 전립선비대증, 항진균제 등 다수 제품의 Brand Manager로
  각 제품 한국시장 1위 달성에 기여
- 전략기획실에서 보스톤컨설팅그룹(Boston Consulting Group)과 회사 성장 프로젝트 수행
- 해외 마케팅 총괄(Global Brand Manager)로 브라질, 멕시코, 남아프리카공화국,
  말레이시아, 태국, 필리핀 등에서 당뇨병치료제, 위염, 소화불량, 발기부전 등 신약 발매
- 2015년부터 해외사업개발 및 수출 담당. 합성신약, 바이오시밀러(Biosimilars), 천연물의약품
  (Herbal Medicines), 의료기기 등 다수 제품의 수출 계약 체결 후 해외 제품 론칭 진행 중
- 현. 동아ST 해외사업부 수석, 부패방지위원회 심사원
- 현. 고려대학교 명강사 최고위 과정 19기 공저회장

Email sgt114@naver.com
blog blog.naver.com/sgt114
linkedIn www.linkedin.com/in/bruce-정훈-song

자격 사항

- 명강의 명강사 1급
- 리더십지도사 1급
- 기업교육강사 1급

강의 분야

- 해외 영업, 해외 협상,
  영업, 마케팅

저서

- 고려대 명강사 25시(공저)
  - 취업준비생, 사회 초년생을 위한 이. 제.
    해. 영.(이렇게 해 봐, 제약바이오 해외 영업)

1. 들어가며

"상상 못할 역경 속에서도

나를 낳고, 바르게 길러 주신 어머니,

그리고, 항상 내 편인 아내와 Luna에게 바친다."

〈2015년 브라질 상파울루. 발기부전치료제 신약 론칭 후 소원을 들어준다는 종을 치며.〉

나는 제약 회사 해외 영업에 종사한다. 혹자는 내가 해외 수출통 輸出通, 또는 해외 제품 론칭 전문가라 하는데, 부끄러운 표현이다. 여전히 모르는 게 많고, 갈수록 배워야 할 건 많다고 느낀다.

그럼에도, 나는 내 일을 사랑한

다. 겪어 보니, 해외 영업이라는 이 직업은 분명 매력적인 부분이 많은 듯하다. 사업의 대상이 해외, 즉 외국이므로, 당연히도 외국 사람을 만나야 하고, 그러기 위해 비행기도 타고, 외국 바이어들과 미팅을, 협상을 한다. 평상시에는 주로 해외 거래처들과 영어 이메일E-mail 교신을 하고, 영어로 전화 통화를 하고, 특히 최근은 비디오 미팅Video Meeting도 하곤 한다.

10년 넘게 해외 영업을 해오면서 이 직업을 수행하는 데 어떤 작은 길잡이가 있었으면 좋겠다는 생각을 해 왔다. 이 글은 그렇게 탄생했다.

제약·바이오 산업 종사자 수 18만 명 시대[1]. 이 첨단 산업의 직업군職業群 안에도 다양한 역할들-연구개발, 제조, 유통, RARegulatory Affairs, 나아가 영업, 마케팅까지-이 있다. 그중 특히, 제약·바이오 해외 영업이야말로 그 궁극의 Value Chain가치사슬이 아닐까 한다.

이유는 간단하다. 사업 혹은 영업의 지역 기반을 외국으로 하기에 당연히 글로벌 역량이 필요하다. 거기 더하여, 어쩌면 더 중요한 요소는 연구개발, 생산, 마케팅 등 제약·바이오 산업에 대한 전반적 이해와 구성원들과의 협업Collaboration이 필수라는 점이다. 아마도, 해외 영업을 해 본 분이라면 동의할 것이다. 이 업무는, 유관부서

---

1 보건제조업 기준으로 제약, 의료기기, 화장품 제조업 포함. 자료: 2023년 4분기 보건산업 고용 동향.

Stakeholders의 도움 없이, 즉 연구소, 개발본부, 공장, 법무팀, 마케팅팀 등의 협조 없이 혼자 할 수 있는 게 거의 없다. 글로벌 역량과 제약·바이오 산업 전반의 이해 및 협업, 이 두 가지가 해외 영업이 이 산업의 정점이라고 주장하는 이유이다.

이 글은 제약·바이오 산업 해외 영업에 앞으로 몸담으실 분들, 그리고 신입 직원분들을 위한 짧은 지침서이다. 앞으로, 해외 무대에서 해외 영업을 하시는 데 일말의 도움이 되었으면 하는 마음 간절하다.

2024년 5월 더없이 푸르른 봄날 노원구 자택에서

폭풍을 즐기는 새™

2. What Matters the Most; English or Sales?
영어냐 영업이냐

"We all live by selling something우리 모두는 무언가를 팔며 살아가고 있다."

- 로버트 스티븐슨Robert Lewis Stevenson, 1850~1894[2]

그렇다. 우리 모두는 무언가를 팔며 산다. 교수는 강의를, 택시 기사는 이동 서비스를, 연예인은 춤, 노래, 말솜씨 등 재능을 팔며 살아간다. 굳이 영업사원만 서비스나 재화를 파는 게 아니다. 대상이 다른 뿐 넓은 범위에서는 우리 모두 무언가를 팔며, 즉 영업하며 살아가고 있다. 한편, 해외 영업에 대해서는 여전히 뜨거운 논쟁거리 하나.

---

[2] 스코틀랜드의 소설가, 에세이 작가, 시인이자 여행 작가로 소설 『보물섬』의 저자. 자료: Wikipedia

바로 영어가 우선이냐, 혹은 언어보다는 영업력이 중요한가 하는 질문이다.

혹자는, 외국을 대상으로 하는 커뮤니케이션 도구인 만큼 언어, 대표적으로는 영어가 먼저라고 주장한다. 다른 한 편은, 영어가 안 되더

〈왼쪽 위. 2013년 한국 서울에서의 브랜드 데이 행사. 각국 마케팅 담당자들이 참석,
필자가 행사 기획 및 진행 총괄, 사회를 담당(2013).〉
〈오른쪽 위. 브라질, 튀르키예 마케팅 담당(Brand Manager)과 함께 한강에서(2013).〉
〈아래. 태국에서 Biosimilar 론칭 후 현지 의사 및 바이어와 함께
마케팅 기획 회의 중(2020).〉

라도, 영업이 되어야 해외 영업 직무를 더 잘 수행할 수 있다고 말한다. 영어냐, 영업이냐? 과연, 여러분의 생각은 어떠한가? 우리는 영어를 파는 것인가, 영업이라는 기술을 파는 것인가?

굳이 둘 중 하나를 꼽자면, 나의 답은 명쾌하다. 영업이 우선이다. 난 그렇게 믿는다.

해외여행을 한번 떠올려 보자. 현지 시장에서 어떤 물건이 마음에 들었다. 가격을 물어보고, 나아가 흥정하고, 원하는 가격에 합의하여 물건 사는 상상 말이다. 이때, 현지 언어(영어)로 소통이 가능하다면, 더할 나위 없이 편리하다. 그럼, 영어를 유창하게 하면, 가격을 원하는 만큼, 혹은 희망하는 가격치에 최대한 가깝게 사는 게 가능할까? 나는 이에 대해 약간의 의구심이 든다. 가격을 흥정하여 저렴하게 구입하는 일. 그건 바로 단순한 의사소통이 아닌, '협상Negotiation'의 영역이기 때문이리라.

협상에는, 단순히 말이 통하는 수준 그 이상의 센스, 혹은 기술이 필요하다. 유창한 외국어로 협상하면 좋겠으나, 몸짓Body language, 표정, 제스처Gesture 등 비언어적인Non-verbal 요소만으로도 협상은 충분히 가능하다고 믿는다.

그럼, 다음의 일화는 어떠한가? 2018년 가족여행에서의 소소한 경험이다. 벼룩시장을 들렀다가 동행한 어머니가 어떤 목공 인형에 꽂히셨다. 한참을 이리저리 만져 보시더니, 마음에 드시는 듯한 표정을 짓는다. 그때, 주인이 다가와 말한다.

"Do you like it? It's only ten dollars마음에 드시나요? 단돈 10불이에요.'

"이거 10달러라고 하는 거냐? 이 인형 쪼가리 한 개가?"

어머니가 내게 반문한다. 그러면서, 나는 의기양양하게 주인과 영어로 가격 흥정을 한다. 그런데 8달러 밑으로는 절대 안 된단다. 정작 어머니는 내 노고도 몰라주고, 8불도 비싸다고. 급기야는 표정으로, 서툰 영어로, 손짓 발짓으로 어느새 주인과 값을 깎고 있다. 결과는 어찌 되었을까?

놀랍게도, 어머니는 무려 단돈 4불에 그 인형을 손에 쥐셨다. 생각해 보라. 영어라고는 단어 몇 마디가 전부이실 70대 노모가 과연 영어를 제법 한다는 나보다 물건을 잘 깎는 게 가능하다고?

고로, 나는 개인적으로 믿고 싶다. 해외 영업은 영어가 먼저가 아니다, 영업이다! 자, 그럼 앞으로 해외 영업을 어떻게 하면 좋을지에 대해 몇 가지 생각해 보자.

3. Give Something Unexpected
뜻밖의 것을 주어라

Give & Take, 즉 '주고받기'란 말을 흔히들 쓴다. 유심히 보면, '받는' 게 아닌 '주는' 것이 먼저 나온다. 즉, 사람은 먼저 주어야 나중에 되돌려 받는다는 의미이리라 짐작해 본다.

깜짝 선물, 영어로 서프라이즈Surprise를 싫어할 사람은 없다. 크든 작든, 대부분 받는다는 것은 항상 좋다. 더구나 기대하지 않았던 무언가를 받을 때는 그 기쁨이 더욱 크게 마련이다.

그런 의미에서 나는 항상 바이어buyer에게 '뜻밖의' 무언가를 주려는 마음을 갖고 있고, 또 그렇게 해왔다. 그리고 이것은 생각보다 매우 큰 효과를 보였다.

필리핀 한 회사와 내가 속한 회사는 거의 20년을 거래해 왔다. 그 거래 금액(수출액)이 그리 크진 않았으나 여러 운이 맞아 들었고, 일부는 내 노력으로 수출액이 6배 이상 신장하는 때가 있었다. 그러던 중 그 필리핀 고객사의 본사本社가 새로 이전한다는 사실을 접하게 된다.

'그래, 신사옥新社屋 이전이란 말이지? 축하 기념으로 뭘 해줄 게 없을까?'

이런저런 아이템을 궁리하는 차에 커피를 떠올렸다. '그래, 필리핀 사람들도 커피를 사랑하지. 그럼, 제대로 된 커피 머신 하나 사무실에 두면 어떨까?'

〈드롱기(DeLonghi) 커피 머신. 자료: DeLonghi 웹사이트.〉

결국 백화점, 인터넷 등을 뒤져 가며, 커피 머신 업계에서 패나 유명한 브랜드의 근사한 제품 하나를 선물했다. 세부적인 모델은 바이어와 사전에 몇 번이고 확인하고, 신속한 배송을 위해 필리핀 현지 온라인 쇼핑몰까지 이용해서 말이다.

이 선물이 거래처와의 관계에서 적잖은 긍정적인 역할을 했다. 그뿐만 아니라 놀라운 건 7~8년이 지난 지금까지도 회자되고 있다는 사실이다.

그렇다. 사람은 국적을 막론하고 뜻밖의 선물을 좋아한다. 그리고 그런 감사한 마음은 비즈니스의 세계에서 무언無言의 큰 힘을 발휘한다. 나를 한 번 더 기억하게 하고, 나의 요청에 긍정적인 화답을 이끌어낸다.

국내든 해외든 영업에서 공통적으로 내가 중요하게 생각하는 요소가 있다. '먼저 주어라'가 그것이다. 먼저 주고, 베풀고, 나아가 뜻지 않은 것을, 덤을 주어라. 그리하면 화답이 있을 것이다, 반드시! 지금 당장이 아니더라도 계속 준다면 내일, 내년, 혹은 3년 후 반드시 내게 좋은 소식으로 되돌아올 것을 나는 믿는다.

4. Make the Most of My Strengths
강점을 활용하라, 최대한으로

"약점을 상쇄시킬 시간과 노력을, 강점의 극대화에 쏟아라."

야간 경영대학원MBA 과정에서 지금도 생생히 기억하는 강력한 메시지이다. 그래, 사람이든, 조직이든, 국가든 각각의 강점과 약점이 동시에 존재한다. 해외 영업인에게 역시 개개인별로 강한 점이 있고, 또한 상대적으로 약한 부분이 있다.

그럼, 해외 영업을 수행하면서는 어떨까? 바로 자신의 강점에 집중하고, 강점을 적극적으로 활용하라 권하고 싶다. 강점이라고? 구체적으로는 외국어(영어)가 될 수도, 외모나 용모가 될 수도 있다. 사교성은 어떠한가? 역시 매우 큰 장점이다. 업무에서의 꼼꼼함, 혹은 예의 바름, 유머 감각, 그 어떤 요소도 내 강점의 대상이 될 수 있다. 이를 해외 영업에 최대한 활용하라.

나의 경우, 국내 영업, 마케팅, 기획을 아우른 경험치가 보통의 해외 영업 종사자들보다는 좀 더 나은 편이다. 또한 언어 부분에서도, 영어가 제법 능숙하고, 일본어까지 가능한 부분이 있다. 이 역시 강점이라고 믿는다.

그러한 부분들, 즉 제약·바이오 산업에서의 여러 경험치 및 외국어 구사 능력, 더하여 프레젠테이션에서의 강점을 나는 적극적으로 활용하는 편이다.

프레젠테이션, 특히 영어 프레젠테이션English Presentation의 예를 들어 보자. 나는 틀에 박힌, 획일적인 회사 소개, 제품 소개 프레젠테이션을 하지 않는 편이다. 틀에 박힌 형식들은 이미 업계의 오래된 표

〈말레이시아 1위 제약사와의 제품 수출 가격(Transfer Price) 협상 모습.
회사 전임자들이 이미 파트너사에 합의해 준 가격보다 30% 이상 인상한 가격으로 합의 도출.
왼쪽에서 세 번째가 저자(2017).〉

준이 되어 신선함과는 거리가 멀다. 대신 나는 오직 핵심에만 집중한다. 즉, 상대 입장에서 가장 알고 싶어 하는 바, 제품의 경우 '왜 우리 buyer가 이 제품을 선택하고, 수입/등록/판매해야 하는가?'를 집중적으로 어필한다.

2023년 4월 필리핀과 베트남 출장에서 역시 그랬다. 아예 복잡해 보이는 제품의 세세한 임상시험 결과Clinical Study Results 등은 생략하고, '미국 FDA와 유럽 EMAEuropean Medicines Agency: 유럽 의약품국 허가 획득한 뇌전증腦電症 신약US FDA and EMA-approved innovative antiepileptic', 세계 100개국에 라이센스 아웃 및 허가 진행 중Licensed out to nearly 100 countries worldwide, 이러한 핵심적인 메시지만 어필했다.

결과는 어떠했을까? 필리핀의 10대 제약사는 아예 전담팀을 꾸려 사업을 계속 논의하기로 약속했다. 베트남의 20대 제약사에서는 제품에 대한 대단한 관심을 보이며, 불과 이틀 만에 관련 시장 정보와 잠재력, 심지어 초기 사업계획까지 보내올 정도의 열의를 보였다.

5. Killer Negotiation Tools
협상이 어렵다고? 이것만 알면 끝

협상. 우리 삶은 어쩌면 끊임없는 협상의 연속이다. 국가 간 FTA^{Free} Trade Agreement: 자유무역협정나 전쟁 협상, 노사 협상만 협상이 아니다. 보이지 않을 뿐, 우리 일상이 협상 자체이다.

회사에서 상사와 부하 직원 간에, 가정에서 부모 자식 간에, 학교에서 교사와 학생 간에, 혹은 전통시장 채소 가게에서 주인과 손님 간에, 우리는 매일매일 수많은 협상을 경험한다.

그럼, 협상을 왜 하는가? 분명, 무언가를 얻기 위해 하는 행위이리라.

다음 사전에 협상은 '입장이 서로 다른 양자 또는 다자가 무엇을 타결하기 위해 협의함.'이라고 정의되어 있다.

다시 돌아가서 협상의 목적을 생각해 보자. 흔히 아는 대로 이기는 것이 협상이 아니다. 내 생각에 협상은 '나누는' 것이다. 무엇을 나누느냐? 매출과 이익으로 대변되는 가치Value의 나눔이다. 고로 협상의 목적은 바로 가치를 얼마만큼 상대와 나누느냐의 문제이다.

이상적으로는 '가치Value=100'이라 칠 때, 내가 100을 갖는 게 가장 좋다. 하나, 상대방 역시 나와 동일한 목표를 갖기 마련이다. 즉, 상대의 경우도 100의 가치를 원한다. 그런 이상적인 수치에서, 양쪽 모두 최대한 100에 근사치, 혹은 백 번 양보하여 최소한 50 이상의 분배를 갖고 싶어 할 것이다. 여기서 딜레마가 발생한다. 상대가 50 이상, 예를 들어 60, 70, 혹은 과도하게 80을 주장할 수도 있다. 그건 나도 마찬가지.

그래서 결국 협상에 성공했다[3]는 것은, 나와 상대방이 총 가치 100을 분배하는 데 합의했다는 의미가 된다. 이를 위해서는 몇 가지 단계가 따른다.

첫째, 사업의 가치를 계산하기.

재무적으로는 순현재가치NPV: Net Present Value, 내부이익률IRR; Internal Rate of Return 등이 잘 알려진 가치의 계산법이다. 신약New drugs의 가치 계산에는 기술적 가치Technical Value와 재무적 가치Financial Value 등을

---

3 많은 자료 및 이론에서 설명하듯이, 엄밀한 의미에서는 협상의 결렬이 협상의 실패를 의미하지는 않는다.

따질 수도 있을 것이다.

이렇게 각 회사의 정책이나 가이드라인 대로 가치를 계산하는 일이 협상의 시작점이 될 것이다. 아시다시피, 가치 계산에만 책 한 권 이상이 소요될 수도 있으므로, 여기서는 원론적인 부분만 거론함을 양해 부탁드린다.

둘째, 가치를 나누기.

가치를 계산했다면, 이제는 '나와 상대방 간에 어떻게 나눌 것인가?'를 생각한다. 즉, 나와 상대방, 많은 경우 상대 회사와의 가치 배분 비율이다. 의약품의 예를 들자면, 오리지널Original 전문약ETC의 경우, Originality를 감안하여 수입자보다는 개발자 및 수출자 입장에서 좀 더 많은 분배 몫을 생각할 것이다. 우리 회사와 파트너사의 가치 배분 비율을 7:3 혹은 6:4 이런 식으로 말이다. 이 과정에서는 물론, 개발에 투여된 유형Tangible, 무형Intangible의 자산Assets을 감안해야 한다. 유형 자산에는 대표적으로 개발 비용Development Cost이 있을 것이고, 무형 자산으로는 특허Patent, 브랜드Brand, 개발 소요 기간 등을 들 수 있다.

〈태국 최상위 제약회사와의 당뇨병치료제 수출 계약식 체결 직후. 맨 좌측이 저자.
2019년 10월 독일 프랑크푸르트 2019 CPhI WW4.〉

셋째, 기다리지 말고 먼저 제안하라, 항상!

자, 이제 제안할 차례이다. 먼저 제안하겠는가 아니면 상대방이 먼저 제시해 줄 것을 요청할 것인가? 답은 명쾌하다. 기다리지 말라, 먼저 제시해라! 위의 두 가지, 가치 계산과 분배를 했다면, 내가 먼저 상대에게 제안한다. 왜 내가 먼저 해야 하느냐고? 이는 앵커링 효과 Anchoring Effect5에 기인하는데, 먼저 제시한 쪽의 조건이 협상의 시작점, 혹은 그 기준점이 되기 때문이다.

---

4 Convention on Pharmaceutical & Intermediates. 전 세계 최대 규모의 연례 의약품 전시회
5 앵커링 효과. 배가 닻(anchor)을 내리면 닻과 배를 연결한 밧줄의 범위 내에서만 움직일 수 있듯
   이 처음에 인상적이었던 숫자나 사물이 기준점이 되어 그 후의 판단에 왜곡 혹은 편파적인 영향
   을 미치는 현상. 자료: ttps://school.jbedu.kr/_moim/board/view/kijun/1616/4913/24478?

예를 들면, 어떤 제품의 라이선스 아웃License-out의 재무적 조건 Financial Term에서 착수금Upfront Fee, 계약금을 100만 불로 받을지, 50만 불로 수취할지, 약간 고민된다. 그럼 대부분의 경우는 100만 불로 제시하는 쪽을 권한다. 일단, 100만 불을 제시하면, 내가 협상의 유리한 고지에 섰다고 볼 수 있다. 이제 상대방은 제시된 수치인 100만 불에 대해 고민할 것이고, 또 내게 역제안Counter-offer을 날려야만 할 것이므로, 나는 그 역제안에 대해 다시 제안하면 그만이다.

현실적으로 위와 같이 대단히 자연스럽게 모든 협상이 흘러가진 않을 수 있다. 다만, 중요한 점은 바로 제안은 먼저 하는 쪽이 유리하다는 것이다.

넷째, 대안Alternatives을 마련한다.

대안이라? 모든 게 계획대로 순순히 된다면야 얼마나 좋을까? 하지만 사업 협상을 하다 보면, 뜻하지 않은 일이 얼마든지 발생하게 마련이다. 정말 좋은 제안인데, 상대가 터무니없는 조건을 요구한다든지, 아예 사업 논의가 중단되는 수도 있다. 이럴 때 유용한 도구가 바로 대안이다.

내가 아무리 정확한-엄밀히 말하자면 정확에 가까운-계산을 통해 가치 산정, 가치 분배를 했다 해도, 상대방이 합의하지 않으면 계약까지 성사될 수 없다. 그래서 필요한 단계가 바로 대안의 마련이다, Plan B. 난 여기서 좀 더 나아갈 것을 추천한다. 즉, Plan B, Plan C, Plan D,

경우에 따라 Plan E 혹은 그 이상까지도 협상의 염두에 둔다. 이렇게 한다면, 단번에-사실, 현실적으로 단번에 내 제안을 모두 수용하는 일은 극히 드물 것이다.-상대 회사의 수용을 얻지 못해도 크게 낙담할 필요가 없다. 나에겐 Plan B가 있고, 그 또한 거절당해도 걱정할 일이 없다. 왜냐고? 나에겐 다음 대안-Plan C, Plan D…-이 얼마든지 있기 때문이다.

6 . Not an Account Management, But a Relationship
거래처 관리? 관리가 아닌 관계다

거래처 관리라! 관리라 함은 무엇인가, 컨트롤하고 유지한다는 의미이리라. 해서, 나는 '거래처 관계'라 바꿔 부르고 싶다. 나의 입장에서 일방적인 관리 유지가 아닌 쌍방이 관계를 맺고, 그 관계를 더욱 공고히 하는 것. 이를 통해 매출과 이익을 향상시키고, 비즈니스를 더욱 크게 키우는 것. 그것이 내가 말하는 거래처 관계, 정확히는 거래처 관계 관리CRM: Customer Management Relationship이다.

당연히도, 관계를 잘 맺기 위해서는 우선 상대방에 대한 존중Respect이 선행되어야 한다. 상대방을 존중하지 않고, 심지어는 얕잡아 보고 무시하면서 좋은 관계를 맺기는 쉽지 않을 것이다. 이런 존중의 바탕 속에서 상대 말에 경청하고, 상대 의견에 귀를 기울인다. 그러고 나서 나의 의견을 주장하고 나아가 설득하는 것, 그것이 관계의 단계가 아닐까 한다.

나는 다행히도 해외 바이어들과 좋은 관계를 유지해 왔다. 그걸 어떻게 아느냐고? 일례로, 2023년 10월, 필리핀과 브라질 출장에서 내가 제외된 적이 있었다. 당시 다른 프로젝트에 한참 힘을 쏟을 시기였기에, 다른 직원이 출장을 대신해야 했다. 출장 후 그 직원은 말했다.

"선배님, 도대체 어떻게 하시기에, 다들 브루스Bruce. 주. 필자의 영문 이름만 찾더라구요! 왜 안 왔냐면서…."

이유는 간단하다. 나는 항상 바이어를 존중한다. 호칭에서부터 말이다. 흔히들, 해외 영업직원들은 사석에서 혹은 회사 공식 회의 석상에서조차 호칭 없이 이름First Name만으로 부르는 경우가 적지 않다.

"레스터Lester가 그러더라고요, 다음 POPurchase Order: 구매요청서는 8월 이후나 발행할 것 같다고요…."

"마이클Michael이 그 회사 사장이 됐답니다."

이와 같은 경우를 무수히 목격한 나로서는 약간의 아쉬움이 든다. 내 경우, 사석私席에서든, 공적인 자리에서든 파트너Buyer의 이름을 호명하는 경우 미스터/미즈Mr./Ms.를 반드시 넣는다.

이것이 왜 중요하냐고? 왜냐하면, 상대에 대한 호칭에서부터 바로 존중이 시작되기 때문이다. 혹시 반말하면서 존중하는 것을 본 적이 있는가 말이다.

자, 앞으로 해외 영업을, 혹은 현재 이미 해외 사업을 하시는 분들께는 강력 추천하고 싶다. 이제부터 상대의 이름을 부르기보다는 반드시 호칭을 넣어 부르자. 미스터, 미즈, 닥터, 프레지던트Mr., Ms., Dr., President 등등, 상대에 걸맞은 호칭을 반드시 붙여 보자. 듣는 상대도 좋을뿐더러 이러한 존중은 결국 다 내게로 돌아온다. 나에 대한 존중으로, 나아가 매출로, 이익으로, 더 큰 해외 사업으로. 결국 내가 상대를 존중하는 만큼, 상대도 나를 존중한다. 이게 양방의 공고한 관계로 이어져, 사업적으로도 나에게 이익으로 돌아오게 마련이다.

〈말레이시아 여성 바이어, 회사 동료들과 함께 쿠알라룸푸르 출장 시.
페트라나스 트윈타워(Petronas Twin Tower)를 배경으로(2016).〉

7. Eventually, It's All About People and Relationships
결국, 중요한 건 사람, 관계다

"사업을 하는 데 필요한 건 세 가지야. 모노, 히또, 카네[6]. 즉, 물건, 돈, 사람이지. 그리고 그중 제일 중요한 건 바로 사람이야!"

- 고(故) 강신호 동아쏘시오그룹[7] 명예회장

그렇다, 사업하는 데 있어 사람이 제일 중요하다. 강신호 명예회장님의 말씀에 전적으로 동의하는 바이다. 해외 영업, 해외 사업? 역시 다르지 않다, 제일 중요한 건 바로 사람이다.

---

6 모노(もの[物]), 히또(ひと[人]), 카네(かね)[金].

7 동아쏘시오그룹(Dong-A Socio Group)은 동아제약, 동아ST, 동아오츠카 등의 지주회사(Holding Company).

〈2020년 1월, 동아ST 본사를 방문한 필리핀 파트너사. 이 첫 만남을 계기로, 3년 뒤 당뇨병치료제 등 3개 제품의 수출계약 체결에 성공함. 왼쪽 3번째가 저자.〉

기업 입장에서 한번 생각해 보자. 해외 영업 직원으로, 왜 굳이 외국어를 할 줄 알고, 많은 경우는 좋은 대학 출신의 우수 인력을 채용하는가? 웬만한 것은 인터넷, 이메일, 전화, 화상통화로 연락이 가능한 시대에, 왜 굳이 외국까지 출장 가서 직접 만나고, 대면 회의Face-to-Face Meetings를 하는가? 그건, 바로 사람 사이의 관계Relationship를 위함이 아닐까?

필자는 거래처, 특히 직접 연락을 주고받는 바이어와의 관계, 인간관계에 매우 신경을 쓴다. 상상해 보자. 지금 나와 사업 중인 브라질의 바이어에게 셀러Sellers, 혹은 수출자Exporters가 나 하나, 우리 회사 하나뿐이겠는가? 적으면 두셋, 많으면 수십 명 혹은 수십 개 회사일 수도 있다. 그런 바이어에게 어떻게 나를 각인시키고, 나를 어필하느

나가 비즈니스를 키우는 데 매우 중요한 기초라고 믿는다.

그럼 어떻게 사람 간의 관계를 끈끈하게 할 수 있을까? 우선은 상대에 대한 존중, 말과 행동에서 존중을 다해야 한다. 그리고 내 말이 아닌 상대 말에, 의견에 경청한다. 그것이 시작이다. 스티븐 코비 Stephen R. Covey 박사의 『성공하는 사람들의 7가지 습관7 Habits of Highly Effective People』에도 딱 이런 요소가 등장한다.

"경청한 다음, 이해시켜라!"

그렇다, 내 말 먼저가 아니다. 상대방의 말을 경청하는 것이 우선이다. 상대 의견에 성심껏 귀를 기울여 들어주고, 그러고 나서야 비로소 내 의견 혹은 주장을 펼친다.

해외 영업에서 가장 흔한 커뮤니케이션 툴인 이메일의 경우도 마

〈2019년 말레이시아 1위 제약회사와 당뇨병치료제 수출계약식 체결 모습. 맨 오른쪽이 저자.〉

찬가지다. 어떤 자료를 부탁받았다고 가정해 보자. 이때 단순히 자료만 보내는 사람도 많이 목격했다. 약간의 아쉬움이 드는 대목이다. 그럼 어떻게 하느냐고? 자료에 대한 부연 설명, 혹은 추가 요청에 대한 친절을 덧붙인다.

'혹시, 추가로 필요한 부분이나 질문은 언제든 편하게 해주세요 Should you have additional queries or questions, please feel free to ask.'

이러한 말로 '나는 항상 당신의 요청에 성심껏 응할 준비가 되어 있습니다. 나는 항상 당신 편입니다.'라는 강력한 유대관계Rapport의 메시지를 보내는 것이다.

그럼, 만약 무언가를 거절할 경우는 어떠한가? 거절의 경우에도 크게 다르지 않다. 단순히 'No. No, we cannot~'이 아닌, 상대를 존중하면서 거기에 이유를 덧붙이면서 No를 해야 한다.

거기에 가장 유용하게 쓰이는 일종의 그럴싸한 이유 내지는 변명으로서, '당신 의견에 찬성하고 싶은데, 회사 정책상 쉽지 않을 것 같습니다 want to agree with you, however, please understand that we have a company policy to follow.' 이런 식으로 최대한 정중한 거절의 의미를 전하는 것이 좋다.

이상으로 짧게나마 어떻게 상대방, 특히 바이어를 존중할 수 있는지 예로써 살펴보았다. 물론, 이 외에도 여러분 각자마다 다양한 방법이 있을 것이다.

요점은, 말Verbal language에서, 이메일에서, 전화 통화 어조Voice tone

에서, '난 항상 당신을 중요한 사람으로 여기고, 경청할 준비가 되어 있다.'라는 인상을 심어주는 것이다.

경우에 따라, 지금 현재 내가 상대하고 있는 사람이 훗날 더 높은 위치로 갈 수도 있다. 혹은, 다른 더 큰 회사로 이직하여 나와 관계를 맺을 수도 있다. 사람 일은 모른다고 하지 않은가? 그렇기에 해외 영업에서도, 제품도, 당장의 이익도 아닌, 어쩌면 사람이 가장 중요하다. 난 그렇게 믿어 왔고, 앞으로도 그럴 것이다.

이상으로, 제약 바이오 해외 영업에 필요한 지침 여섯 가지를 짧게 적어 봤다. 물론, 이 여섯 가지로 충분하다고는 할 수 없겠다. 개인적으로는, 이 업계에서-여기서는 국내 영업, 마케팅, 기획 등 경력은 제외하고-10년 이상을 몸담았지만, 아직도 배울 게 너무도 많다. 적잖은 경험을 했다고 하지만, 여전히 새로운 경험, 새로운 바이어, 새로운 사업 기회가 갈수록 많음을 느끼는 요즘이다.

저자가 제시한 여섯 가지 중 와닿는 부분이 있다면 일부 실천해 보면 어떨까? 분명 변화가, 그것도 긍정적 변화가 있을 것으로 확신한다.

2024년 4월 필리핀, 베트남의 출장을 무사히 마치고, 이제 6월은 브라질로 향한다. 중남미의 맹주盟主인 이 아름다운 이국異國. 기존의 파트너들, 그리고 새로운 잠재 바이어들과의 만남, 프레젠테이션, 사업 이야기 그리고 협상. 그러면서 가끔은 이국인異國人끼리의 정情을 나눌 그 시간이 꽤나 기대되는 봄이다.

8. 맺는말

국내 영업과 해외 영업. 많은 사람들이 외국어라는 매개체 때문인지, 해외 영업을 국내 영업과 전혀 다른 개념으로 생각하는 듯하다. 과연, 정말 그럴까? 나는 크게 다르지 않다고 본다.

본질적으로 '영업'이라는 단어가 들어가므로, 그 대상이 국내이건 국외이건, 영업은 영업이다.

그럼, 영업이란 대체 무엇인가? 물건이나 재화Service를 팔아 이윤을 남기는 행위이다. 그런 영업을 잘하기 위해서 필요한 것은? 단 한마디로 정의하기 쉽지 않겠으나, 개인적으로 '끌림Attraction'이라 생각한다.

'끌림'을 통하여 상대에게 좋은 인상을 주고, 그 호감의 바탕에서 논의와 협상을 통하여 되도록 좋은 결과물을 이끌어 내는 것이다. 해서, 영업은 상대에 대한 존중에서 시작된다고 믿는다.

이 글이 앞으로 해외 영업에 몸담을 분들, 이미 해외 영업에 몸담고 있는 분들에게 조금의 도움이 되었으면 한다. 그리고 기억하자. 배움은 단순히 앎에서, 느낌에서 그치면 무용無用하다. 실천만이 답이다.

실천하는 여러분의 건투를 진심으로 응원한다!

참고 문헌 —————————————————————————————————

한국보건산업진흥원(2024), 『2023년 4분기 보건산업 고용동향』

제약산업학 교재편찬위원회(2021), 『제약산업학』 명지문화사

스튜어트 다이아몬드 저, 김태훈 번역(2020), 『어떻게 원하는 것을 얻는가』 세계사

Stephen R. Covey (2020), 『7 Habits of Highly Effective People』 Simon & Schuster

Thomas J. Peters (2012), 『The Little Big Things: 163 Ways to Pursue EXCELLENCE』 Harper Collins College

마쓰우라 야타로 저, 오근영 번역(2016), 『일의 기본 생활의 기본 100』 책읽는수요일

CHAPTER 3

Folk You
| 조형만 |

이제 당신You도 사람들Folk 속에서 당당히 자신을 드러내고
진정한 Folk you가 되는 것은 어떨는지요?

학력 및 경력 사항

- LG화학 영어캠프 주관
- 에스엘 직원 영어 교육
- 제이오영어 원장

Email hmyaon@naver.com

수상 경력

- 군포시 최우수강사
- 카투사 최우수교관

저서

- 고려대 명강사 25시(공저) - Folk You

1. 프롤로그

하늘을 올려다보는 것이 좋습니다. 구름의 문양은 어쩌면 지구 태동의 순간부터 단 한 차례만 같은 모양을 나타내지 않나 하는 생각이 듭니다. 사람도 마찬가지 아닐는지요. 태어나 죽을 때까지 인격과 성격과 특성이 같은 사람은 단 한 사람도 존재하지 않으니까요. 이제껏 만나온 많은 사람들에게서 발견한 그 다양성에 놀랐습니다. 지구촌의 다양한 사람들을 접하며 자연스럽게 영어라는 언어를 알게 되었지요. 책만으로 영어에 대한 흥미를 느낄 수는 없었습니다. 사람과 사람으로 어울리며 습득한 영어는 제게 숨겨진 잠재력이 있다는 것을 깨닫게 해주었습니다. 사람들(Folk) 속에서 느낀 영어 이야기를 해보려 합니다.

2. 움직이기 싫다

　생각만큼 행동으로 옮기는 게 쉽지 않더군요. 많은 생각을 하며 계획을 세우고 세워진 계획을 하나하나 실천해 나가는 일은 누구에게나 어렵습니다. 그것이 "Action speaks louder than words."라는 말에 솔깃해지는 이유입니다. 어떤 목표를 가지고 나아가려 할 때 평상시 잘 움직이던 몸이 갑자기 삐거덕거리며 고장 난 기계처럼 발을 땅에 박아버리곤 하지요.

　지난 1990년대의 기억입니다. 제가 사는 소읍에도 ○○음반, ○○○레코드 등으로 불리던 레코드 가게들이 있었습니다. 그곳에서 저는 일주일에 한 번씩 용돈을 받으면 A부터 Z까지 무작위 알파벳 순서대로 LP판을 구입하곤 했습니다. 별 망설임 없이 매번 음반 구입에 나섰습니다. 그리고는 집에 와서 오디오로 플레이를 시키고 LP판 뒷면

에 있는 가사를 음미했습니다. 당시 열두 살이었는데 지금 아이들과
는 달리 영어를 학습한 적이 없기에 무슨 내용인지도 모른 채 흘러나
오는 가수의 노래와 멜로디에 심취하면서 영어를 느꼈습니다. 그렇
게 3개월을 보내고 멜로디에 익숙해져 푸욱 빠져들 즈음엔 따라 부르
고 싶은 욕심이 생겼습니다. 그때부터 귀에 들리는 영어를 유일하게
알고 있던 언어인 한국말로 적어 따라 부르곤 했습니다. 노랫말 영어
에서 처음 느꼈던 감정은 학교 수업에서는 배울 수 없었던 감성지수
(EQ) 그 자체였습니다. 이런 게 공감인가? 무슨 의미인지 알 수는 없
어도 멜로디만 듣고도 슬픔과 기쁨을 느낄 수 있었습니다. 노래와 멜
로디와 제 음성이 섞여 하나로 어우러진 공감의 시간이었습니다.

영어학원 같은 곳에서 외국인들이 오고 가는 모습을 종종 목격하
게 되었습니다. 어느 날 한 외국인 여성이 갑자기 다가서며 "How are
you?" 하는데 아무 말도 못 하고 그 외국인이 사라지는 걸 멍하니 지
켜봐야 했던 일이 있었습니다. 이런, 제기랄!! 그런 간단한 문장에도
대답을 못 하다니?! 그때부터 문장을 외워서 어떻게든 써먹어야겠다
는 생각으로 영어 문장을 외우고는 우연을 가장하여 그 외국인을 만
나려 그녀의 집 근처에서 진을 쳤습니다. 지금 생각하면 마치 스토킹
같은 끔찍한 행동을 하였더군요. 하지만 정말 영어를 쓰고 싶은 욕망
을 참을 수가 없었습니다. 친하게 지내고 싶어서 여러 문장을 외웠지
만 좀 더 특이하고 세련된 문장을 쓰고 싶어서 사전에 나온 'I like to
be your friend.'보다 더 나은 표현을 찾으려 애를 썼습니다. 그러다가

'친밀하다'의 뜻을 지닌 intimate라는 단어를 알게 되었습니다. 친구보다 더 정이 가는 표현이라 생각했죠. 그러다 어느 날, 외국인 여성이 나타났고 나는 바로 달려가서 "I want to intimate you!"라고 밝게 웃으며 말했죠. 한데 웬일인지 그 외국인 여성은 벌컥 화를 내며 알 수 없는 말을 하고는 겁을 먹은 채 황급히 집으로 들어가 버렸습니다.

영문을 알 수 없어 잠시 서성이던 그때 경찰이 다가섰습니다. 출동한 경찰관은 제가 성희롱을 했다고 하면서 차에 타라며 저를 경찰서로 연행하려 했습니다. 계속해서 어리둥절한 채로 "아니요, 아니요!"라고 외쳤지만 그들은 저를 성희롱범으로 여기면서 차에 태웠습니다. 후에 알게 된 사실이지만 그 외국인이 일을 하고 있는 학원 원장한테 전화해서 경찰을 부른 것이었죠. Intimate의 원뜻이 친밀하면서 '교미, 교배'하다라는 뜻이었던 것도 그제야 알게 되었고, 아무리 좋은 단어를 특별하게 사용하려 해도 상황에 맞지 않으면 경찰서에 가게 된다는 교훈을 얻은 계기가 되었습니다. 그 이후 저는 세상 억울한 심정으로 다시 문장을 외우고 다른 외국인 집에서 또 다른 스토킹(?)을 시작했습니다. 계속해서 움직이며 주변의 상황에 맞는 언어를 구사해야겠다는 생각에서 그 같은 행동을 멈출 수가 없었습니다.

몇 개월이 지나서 이제는 제법 문장을 많이 알아간다는 느낌이 들었고, 이상하리만큼 머릿속의 영어 문장들이 사라지지 않고 그림 그려지듯 서로 뭉쳐 떠오르더군요. 어라, 이렇게 외워지네! 이상한 호기심이 발동하고 외우려고도 안 했는데 잘 외워지게 되었습니다. 그때부터 더 스토킹에 박차를 가했습니다. 우연을 가장한 운명적 장소에서 알고 있는 어휘를 거침없이 사용하기에 이르렀습니다. 그러한 일들이 반복되면서 외국인과 친구가 되었고, 집으로 초대를 받는가 하면 그가 모국으로 돌아간 후에도 연락을 하고 그가 살고 있는 나라를 여행도 하면서 서로 왕래하며 살고 있습니다.

3. 외우기 싫은 단어

단어 암기에 어려움을 많이 겪어 다양한 방법들을 활용해 보았습니다. 말하기, 쓰기 그리고 시간 나는 대로 단어 보기 등 늘 많은 시간을 할애하여 단어를 암기하려 했던 힘든 날들의 연속이었습니다. 영어를 공부하면서 제일 하기 싫었던 것이 저에게는 단어 암기였습니다. 어떻게 하면 좀 더 재미있게 단어 공부를 할 수 있을까 수없이 많은 고민을 해야만 했죠. 일단 재미가 있어야 머릿속에 오래 남고 조금이라도 더 보게 되지 않을까 해서 말이지요.

그러나 아무리 궁리를 해도 단어 공부는 절대 재미있지 않았습니다. 어떠한 방법을 쓰더라도 그 방법은 효율적이지 못하다는 생각과 함께 하루빨리 그것을 이겨내야 한다는 부담감이 쌓여만 갔습니다.

그러던 어느 날, 교회에서 알게 된 미국인 친구의 집에서 살며 그와의 대화를 시작하게 되었습니다. 그곳에서의 생활이 외국 같은 느낌이 들 정도로 아침에 눈을 뜨며 영어를 시작하고 자기 전까지 살아있는 영어를 접했던 날들이었습니다. 제 영어는 아직 한참이나 부족했고 그저 외국인과의 생활을 겨우 해 나가는 정도였습니다. 어느 날인가 화장실에 갔는데 엄청나게 큰 변이 변기 안에 있는 게 아니겠습니까. 그래서 저는 물을 내리려 했는데, 두 번 세 번 아무리 레버를 눌러도 물은 내려가지 않았습니다. 당황했던 저는 당사자인 도널드에게 그 상황을 얘기하려 했습니다. 하지만 형편없는 영어 실력으로 저는 그 앞에서 발만 동동 구르며 어찌할 바를 몰라 했습니다.

그동안 수많은 문장을 외웠고 스토킹도 했는데 왜 아직도 상황에 맞는 표현이 나오지 않는 것인지 답답했습니다. 이상한 낌새를 알아차린 도널드가 화장실에 가더니 저에게 뭐라고 화를 내었습니다. 무슨 의미인지 잘 몰랐지만 왜 일을 보고 물을 안 내렸냐는 소리란 걸 눈치껏 느낄 수 있었습니다. 저는 다시 발을 동동 구르며 "그거 네 거야! 내 거 아냐!"를 영어로 "no me! you! You!" 하며 마구 외쳤습니다. 그가 계속 화를 내며 레버를 내리니 변기에 있던 변이 일순간에 사라지고 저는 그만 넋이 나간 사람이 되고 말았습니다. 세상 억울하게 눈물이 나오려 했습니다. 아, 정말이지 이렇듯 처참하게 찢긴 개똥 같은 경우가 나한테 일어나다니, 답답한 마음을 금할 길이 없었습니다.

그가 계속 화를 내다 자리를 뜨자 저는 다짐을 했습니다. '영어 단어를 알아야 하는구나.' 그때부터 미친 듯이 영어사전을 들고 a부터 차례대로 외우기 시작했습니다. 한데 그런 단어들은 금세 머릿속에서 사라지더군요. 그래서 단어장이란 것을 사서 외우기 시작했죠. 하지만 이번에도 마치 한겨울 뜨거운 태양 빛에 눈 녹듯 사라지는 머릿속 단어들에 대한 압박감이 몰려왔습니다. 속된 표현이지만 더럽도록 열심히 단어 암기를 했던 시절이었습니다. 개똥도 약에 쓰려면 없다는데, 저에게는 똥이라는 단어 하나가 필수적인 단어 암기의 발단이 되었던 거였죠.

그러던 어느 날 사전의 '발음기호'를 보며 이제는 좀 다른 방식으로 단어를 외워야겠다는 생각이 떠올랐습니다. 발음으로 외워야 한다! 소리로 외워야 한다! 발음기호는 저에게 하나의 기적의 단어 지표였습니다. 발음기호를 숙지한 후에 단어를 정리하며 옆으로 하나씩 하나씩 적었습니다. 전혀 지겹지 않고 공부같이 느껴지지 않고 단어장을 만들어 나갈 수 있었습니다. 순서는 단어-발음기호-의미 순으로. 100개를 채우고 그것을 읽으면서 이미지 트레이닝을 했습니다. 다음 날은 110개, 발음을 많이 할수록 그 단어가 선명해지는 것을 느꼈습니다. 처음 1~50개의 단어가 150, 200개로 점점 늘어나면서 반복의 횟수도 늘어나 더 쉽게 영어가 느껴지면서 자신감도 하늘을 찔렀습니다. 또 다른 영어 EQ와의 만남이었습니다. 당시 '이제껏 외웠던 문장은 발음이 다 틀린 거였나.'라는 깨달음과 함께 문장의 단어들에 발음기호를 적용했습니다. 자연스럽게 단어가 연상되며 발음과 단어에 대한 스트레스가 현저히 줄어들었고, 단어를 많이 찾을수록 많이 연상이 되는 뇌의 유연성을 발견하기에 이르렀습니다. 사전으로 단어를 찾으면서 알파벳 순서로 단어 암기가 쉬워졌고, 찾은 단어를 발음으로 처음부터 반복하니 잊어버리는 법을 까먹었다고 믿기까지 했습니다. 여기서 멈추지 않고 같은 방법으로 토익시험에 도전했습니다. 첫 시험에서 700점을 넘으면서 그동안 노력한 것에 대한 보람을 충분히 느낄 수 있었지만 단어 정리를 멈추지 않고 계속하였습니다.

지금 제가 가르치는 학생들에게도 그 방법을 적용하고 있습니다. 종이사전이 요즘 시대에 뒤떨어진다는 생각도 들 수도 있습니다. 하지만 쉽게 찾은 단어는 쉽게 잊히고, 단어장으로 암기하다 보면 엄청난 양을 외워야 한다는 압박감으로 포기하는 경우도 다반사입니다. 그래서 저는 단어를 영어로 배열하여 목록을 만들고, 그 단어들을 종이 사전에서 찾으며 발음기호와 함께 정리하여 만들거나 주어진 단어들을 종이사전으로 찾게 하여 부담감을 줄이면서 자연스럽게 연상이 되도록 하고 있습니다. 학생들을 보면 제 자신이 그랬던 것처럼 단어 암기를 무척 싫어하고 귀찮아합니다. 학교에서 치르는 내신시험 그리고 일반수업에서 필요한 기본 필수 단어들은 반드시 알아야 문장과 독해가 가능합니다. 그래서 단어 암기에 부담이 적고 암기하는 방법에 대해 끝없는 고민을 했으며 단어 찾기로 그것을 대신하고 있습니다. 제가 원하는 목표는 그 행동 안에 숨어있습니다. 종이사전으로 단어를 찾으려면 힌트 단어를 이용하여 알파벳 순서대로 찾아야 원하는 단어를 찾게 됩니다. 머릿속에 그 단어들이 자연스레 연상이

됩니다. Apple을 찾으려면 A로 시작하는 단어 그리고 p,p,l,e로 연결되는 단어를 보면서 찾게 됩니다. 그리고 발음기호와 뜻을 찾으면 자기만의 작은 단어사전이 만들어집니다. 스스로 찾은 노력이 소중해서 자주 보게 되고 단어 연상 학습효과로 암기에 대한 부담감이 확실하게 줄어드는 모습을 목격하며 독해수업과 회화수업을 원활하게 진행할 수 있었습니다.

4. 말하기가 싫다

말 잘하는 사람을 보면 정말 부럽습니다. 자신의 사상과 감정을 자신감 있게 표현하는 사람은 전하려고 하는 맥을 간결하고 정확하게 구사함으로써 많은 이들의 부러운 시선을 받게 됩니다. 어떤 사람은 자신의 스타일에 맞게 말을 잘합니다. 패션은 구매할 수 있어도 스타일은 구매할 수 없다는 말이 떠오르는데, 스타일을 지닌다는 것은 자신에 대한 집중이며 대화처럼 어렵지도 않다고 생각합니다.

나만의 영어 말하기 스타일을 가지고 싶었습니다. 내가 가진 스타일을 활용해야 한다는 생각을 했죠. 한국에서 태어나 여태껏 이렇게 살았는데 아무리 외국인의 스타일을 모방하려 해도 쉽지가 않더라고요. 그래서 그냥 닥치고 카피캣copycat. 모방하는 사람, 흉내쟁이이 되기로 마음먹었습니다. 바로 질문하기와 따라 말하기입니다. 여러 질문을 많이 할수록 말하기에 대한 피드백을 많이 받게 된다고 믿었습니다. 어쨌든 제가 물어보면 상대방은 뭐라고 대답이나 반응이 있을 것이라 여겼죠. 거기에 내 말을 덧붙이자! 그리고 질문에 스타일을 입히자!

말을 잘하겠다는 다짐으로 공부를 시작한다면 먼저 다양한 질문들을 숙지해보세요. 다양한 질문의 표현을 많이 알수록 대화에 자신감이 붙는다는 것을 느끼게 됩니다. 질문에 자신의 스타일을 입히세요. 대화는 자신이 원하는 방향으로 향할 것이고 반응에 대해 스스로 편안해지며 대화를 이어갈 수 있습니다. 질문을 만들 때도 EQ와 IQ가 존재합니다. 질문이라는 것은 내가 알고 싶어 하는 것들을 상대방으로부터 알아내는 효과적인 도구입니다. 인간관계의 시작이 다가감이고, 공부의 시작이 책을 구매하는 데 있는 것처럼 다가감에 의도가 분명해야 합니다.

이태원에서 신발을 판 적이 있습니다. 오는 사람들이 모두들 외국인들이라 영어로 질문을 해야 했습니다. 저는 하루 종일 "What is your size?"만 앵무새처럼 수없이 반복해야 했습니다. 그러던 어느 날 집에 와서 고민을 하게 되었습니다. 왜 질문을 형식적으로 할까? 좀 더 구체적으로 할 수 있는 방법이 없을까? 이런 생각으로 상대에 대해 구체화된 질문을 시도하게 되었습니다. 손님이 오면 일단 "How are you doing?"이라는 질문을 날마다 다르게 사용했습니다. How are you feeling? How was your day? What a beautiful day!! 등 같은 의미의 문장을 변화시켜 물으니 상대방의 대답도 달라지고 억양도 달라지는 반응에 재미가 들었습니다. 뒤에서 점장이 째려보든 말든 대화에 집중하고 계속해서 질문을 던지다 보니, 신발을 팔아야겠다는 생각보다 손님들의 행동과 제스처에 몰입할 때가 많아졌습니다. 결국 해고가 되고 말았지요. 신발은 더 이상 팔지 못했지만 제 질문을 많이 팔아서 기분이 좋았습니다. 그리고 그때 미국은 신발 320사이즈도 있다는 사실에 엄청 놀랐습니다.

카투사로 미 8군에서 군 생활을 할 무렵에는 무시무시한 미군들과 살며 실생활 슬랭영어와 군대에서의 영어 사용에 적응하는 방법을 찾아야 했습니다. 도무지 알아들을 수 없는, KTX보다 더 빠르게 오

가는, 마치 단어와 단어 사이가 존재하지 않는 것 같은 발음에 정신이 혼미해졌고 그런 모습 때문에 미군들로부터 잦은 놀림을 받곤 했습니다. 그러던 중 하나의 방법을 떠올렸습니다. 이해를 못 하면 따라 하자!! 따라 하기 반응입니다. 말을 따라 하면 말한 사람이 일단 맞는다고 하고 좀 더 자세한 설명과 정보를 줄 거라고 믿었죠. 미군들은 "Square Away!"라는 표현을 많이 쓰더군요. 저한테 물었을 때 "Square Away!"라고 따라 하니 "Good Job Keep doing it!"이라 했습니다. 처음 듣는 표현에도 졸지 않고 따라 하다 보니 그것이 '잘하고 있지?'라는 표현이라는 것도 알게 되었습니다. 그리고 다른 미군들도 자신 있게 말하는 제 모습에 흡족한 웃음을 보여주었습니다. 다른 많은 표현을 따라 했습니다. 그것이 시작이 되었는지 미군 교관 시험에서는 미국국가를 제일 잘 부른다는 칭찬을 들었습니다. 그것 역시 그냥 따라 하기뿐이었는데 말이죠. 우리나라 국가이든 남의 나라 국가이든 저에게는 영어이니 그냥 따라 하자는 생각으로 잘 따라 불렀습니다.

　한번은 부부싸움을 영어로 한 적이 있습니다. 부부가 싸운다는 것은 서로의 자존심과 둘 사이의 충돌을 감정적 이성적 그리고 상황에 맞춰 알맞은 어휘를 써서 조리 있게 말하는 것이라고 다들 생각하죠. 아닌 경우도 있겠습니다만, 저에게는 이런 과정을 영어로 해야 하는 상황이 닥치고야 말았습니다. 논리고 뭐고 저는 와이프가 하는 말을 듣고 얼굴을 찡그리는 정도에 그쳤습니다. 싸움이 종종 일어나고 머릿속에서 번개가 치듯 그동안 해왔던 질문하기와 따라 하기가 떠올랐습니다. 그래서 그 후 와이프가 말하는 질문을 따라 했습니다.

"Why are you keep doing what I said not to?" 왜 내가 하지 말라는 걸 계속 하느냐를, "Why am I keep doing what you said not to?"로 주어만 바꿔서 "왜 나는 네가 하지 말라는 걸 계속 하냐고?"라고 공격에 들어갔죠. 그리고 어려운 어휘가 등장할 때는 또다시 위축대지 않고 따라 했습니다.

"Grow up! being insecure does't help but makes you say oxymoron." 와~ 처음 듣는 단어 등장, Oxymoron! 철 좀 들어라, 불안해하니까 네가 말하는 게 다 언어 모순이야! 그냥 따라 했습니다. 반응은 싸늘하고 어이가 없다는 표정으로 저를 보더군요. 그 후로 싸우는 게 너무 재미있는 거예요. 화가 나기는커녕 싸울수록 전에 없던 긴장감 속에서 영어를 쓸 수 있는 시간이 매일 기다려지기까지 했습니다. 상대방이 저를 맹목적으로 따라 하는 철없는 아이로 보든지 말든지 그저 질문을 받고 따라 말하기를 계속하여 되풀이했습니다.

여러 상황에 맞게 문장을 암기하는 것은 양이 너무 방대해서 결국 흥미를 잃게 됩니다. 질문을 다양화하여 따라 하기를 하니 뭔가 익숙하면서도 저만의 스타일을 발견하게 되었습니다. 반복이 아니라 pattern을 발견하여 스스로의 말의 스타일과 제 목소리를 찾는 여행이었습니다. 그 여행은 지금도 계속 진행 중입니다. 지겨움이라는 함정은 아직도 저를 끌어당기지만 마음을 다지고 또 다집니다.

5. 문법이 싫다

그동안 단어, 문장, 질문하기, 따라 하기 등 여러 가지로 연습해서 영어에 대한 자신감을 어느 정도 가지고 있었습니다. 하지만 토익 시험을 보고 힘없이 무너지는 자신의 모습을 발견하고 말았습니다. 학원 생활을 하면서 학생들의 질문에 쩔쩔매는 처량함을 감출 수 없게 되는 일도 있었습니다. 뼈가 저리도록 하기 싫었던 문법을 이제 해야 겠다는 결심이 선 계기였습니다. 문법이란 것이 해도 해도 까먹고 자괴감과 기억력 저하자라는 의심마저 들게 했습니다. 이제껏 영어를 활용하는 데 집중하고 공부도 경험도 많이 했다고 생각했는데 문법 하나 때문에 모든 것이 무너져 버리고야 말았습니다.

'문법은 할 필요가 없다. 영어는 언어이니 말을 할 줄 알아야지!'라는 통념에 저 또한 암묵적으로 동의하며 살았습니다. 한데 바뀌어야 한다는 생각이 들었습니다. 정말이지 하기 싫은 문법 공부를 다시 하기로 마음 단단히 먹었습니다. 이번에는 제대로 하자! 문법책 여러 권을 사서 공부를 시작했습니다. 일단 참고 견디면 된다는 마음으로 계속해서 공부하고 풀이하고 이해하려고 했습니다. 문법책을 보면서 그 속의 한국어조차도 어려운 말들이 많아 한국어를 공부하는지 영어를 공부하는지 헷갈릴 정도로 처음 접하는 한국어에 한자들도 많았습니다.

쉽지 않았지만 계속하여 책을 보다 보니 문법책들의 공통점을 찾을 수 있었습니다. 다루는 내용은 모두 비슷하지만 풀이 방식은 저자마다 다양했습니다. 책에서 다루는 비슷한 내용을 취합해 보기로 하고 문장의 구조에 관심을 갖게 되었죠. 그러면서 8개의 품사가 단어군이고 5개의 구성요소가 들어가는 딱 맞아 떨어지는 문장 구조를 알게 되더군요. 8품사가 어려운 말이었고 단어였던 거였어요. 단어가 쓰이는 8개의 종류가 8품사이고, 그 단어들이 들어가는 자리는 5개밖에 없다고 생각하고 표를 그리기 시작했어요. 8개의 단어들이 원래의 특징대로 자리에 들어가고 사용된다는 거였습니다. 그 단어가 구가 되고 절이 되어도 원래의 특징과 자리에 적용된다는 것입니다. 예를 들면 명사, 명사구, 명사절이 주어, 목적어, 보어, 전치사 뒤에 들어가는 특징처럼 말이지요. 그리하여 단어, 구, 절을 한 번에 보여주는 표를 만들고 그것을 연결하기 시작했습니다. 문장의 아래에는 자리, 위에는 그 자리에 맞는 품사를 가지고 연습하였습니다. 다음과 같이 말이죠.

명사 동사 부사절 대명사 동사

The books were sold out (after it had been published.)

주어 서술어 수식어

위의 구조하에 많은 문장을 연습하니 자리에 들어가는 품사가 정해져 있어서 문장구조를 이해하기 훨씬 수월해지면서 문법 공부의 기틀을 잡기 시작했습니다. 여기서 멈추지 않았습니다. 각 구, 절의 특성을 파악해서 Syntax(구문 구조) 연습에 박차를 가했습니다. 노트가 하나 둘 셋~ 쌓여가며 문장의 구조가 보이고 각각의 필요한 문법을 공부하여 그 틀에 넣기 시작했습니다.

이전 문법 공부는 배웠던 부분을 자주 잊어버리게 되고 흥미도 떨어져 포기했는데 이제는 다 같이 한 번에 문장의 구조를 분석하다 보니 집중력이 좋아졌습니다. 문법을 하나로 규칙 있게 공부하는 것이 아니라 관계대명사, 동명사, To부정사의 부사적용법 등 그때그때 다르게 공부하거나 문법책 목차 그대로 순서대로 하다 보면 방대한 양에 앞내용을 잊어버리게 된다는 것도 깨달았습니다.

문법은 초등, 중등, 고등에서 다루는 기본 부분은 모두 같다는 생각이 들더군요. 난도가 높아질 뿐, 문법이 말하고자 하는 것은 다섯 자리로 정해져 있고 거기에 들어가는 단어는 8개만 존재한다는 개념은 동일하다는 것이었으니까요.

다음의 구조로 문장 암기도 한번 해 보았습니다.

"The thing you want to get is money."라는 문장을 다음의 순서로 공부했습니다.

The, the thing~

the thing that you ~

the thing that you want ~

the thing that you want to ~

the thing that you want to get ~

the thing that you want to get is ~

The thing that you want to get is money.

소리 내어 좀 더 익숙해지면 단위별로 묶어서 연습했지요.

The thing you want to get~

Th thing you want to get is money.

이후로 위의 예시처럼 동사를 중심으로 파트를 묶어서 연습했습니다. 자연스럽게 통문장 암기가 수월해졌고 문장의 구조 아래는 자리, 위는 품사라는 것을 머릿속에 두고 진행하였습니다.

이 과정은 단어의 순서에 따라 시작을 반복하는 훈련이었어요. 모든 문장을 단어별로 시작하는 순서로 다시 읽게 되면 기본 품사 8개와 들어가는 자리 5개만 집중하면 영어를 자연스레 구조(Syntax)로 볼 수 있는 능력을 가지게 되더군요. 필요한 영어를 그때그때 적용해 보았습니다. 특히 학생들 내신 수업에 나오는 논술형 문제에 적용하면서 큰 효과를 보게 되었습니다.

The thing(품사-명사, 자리-주어) that you need(품사-형용사, 자리-앞의 명사를 수식하는 형용사절(관계대명사)) is(품사-동사, 자리-서술어) money(품사-명사, 자리-앞 주어와 의미가 같은 보어).

이런 식으로 기본 품사가 기본 자리에 들어가는 부분을 생각하면 문법과 문장 공부를 한 번에 할 수 있었습니다.

6. 0살

오래된 표현이지만 영어권에서는 Baby를 it으로 부르곤 했습니다. 아직 성별에 자아가 만들어지지 않아서라고 합니다. 저는 처음 저 자신을 It으로 지정하고 영어를 접했습니다. 아직 아무것도 정해지지 않은 나이기에 영어라는 새로운 세계에서 시작점을 it으로 칭하고 주위에 집중하였습니다. 그리고 it을 갓 태어난 아기처럼 접근하기로 결심했지요. 호기심을 가지고 모든 것에 흥미를 느끼면서 영어라는 새로운 눈을 얻어 영어라는 세계에서 다시 태어난 것처럼 느낄 수 있을 것이라는 믿음을 가졌습니다. 실수를 두려워하지 않는 호기심 가득한 방식으로 늘 움직임을 좋아하고 새로운 단어를 외우는 것을 좋아했으며, 말하기를 좋아하는 아이가 되리라 결심했습니다. 그 후 문법을 심도 있게 공부하게 되면서 그 아이는 좀 더 큰 아이로 성장하였죠.

이제 그 아이는, 언어는 항상 사람들Folk 사이에서 배우고 경험하고 깨달으며 익혀야 한다는 걸 알았습니다. 지금 저는 힘들 때마다 it이 되곤 하였던 제 모습을 떠올리며 사람들과의 관계에서 좀 더 유연하게 행동하고, 그들의 단어를 느끼고 말하고, 그들 사이의 법칙을 느끼며 살아가려 노력하고 있습니다.

이제 당신You도 사람들Folk 속에서 당당히 자신을 드러내고 진정한 Folk you가 되는 것은 어떨는지요?

CHAPTER 4

오늘도 나는
카페인 한잔하러 짐에 간다
| 김지수 |

JUST DO IT. 그냥 하자! 멘탈 관리도 내 몫이기에 내가 살아남으려면
자기 관리가 필요하다. 건강은 나 자신을 사랑하는 것이다.

학력 및 경력 사항

- 현) JN헤어 대표
- 현) 고려대 명강사 최고위과정 19기 재무국장
- JN헤어 1, 2, 3호점 대표
- 대한미용사회 서울시 도봉구지회 수석 부회장선
- 대한미용사회 서울시 도봉구지회 상임위원

강의 분야

- 내 삶의 카페인 운동, 건강

Email ohree0553@naver.com

자격 사항

- 고려대학교 명강사 최고위과정 수료
- 명강의 명강사 1급
- 리더십 지도자 1급
- 스피치 지도자 1급
- 인성 지도자 1급

수상 경력

- 서울시 미용사회 도봉구청장상선
- 대한 미용사회 서울 盜蜂구지회장상소
- 대한 미용사회 서울 도봉구지회 감사패
- 대한 미용사회 서울 도봉구지회 상임위원 공로상
- 전국 식스 챌린지(Sixpack Challenge) 우승상

저서

- 고려대 명강사 25시(공저)
  - 오늘도 나는 카페인 한잔하러 짐에 간다

1. 건강을 잃고서야 건강의 소중함을 안다

"건강은 행복의 어머니다."라고 프란시스 톰슨이 말했다. "돈을 잃으면 조금 잃고, 명예를 잃으면 많이 잃고, 건강을 잃으면 전부 잃는다."라는 말도 있다. 우리 모두 건강하며 장수하길 원하지 골골거리는 생을 원치 않는다. 모두 무병장수를 바란다. 그렇다면 100세 시대라는데 무병장수인가? 유병장수인가? 건강의 중요성은 인식하지만 유지하고 누릴 방법에 대해 알아가고 실천하기란 쉽지 않다.

나 또한 같은 부류였다. 워커홀릭으로 살다가 한창 때 건강에 적색불이 켜졌다. 건강의 심각성을 깨닫고서야 헐레벌떡 건강을 챙겼다. 그 결과 식스 팩 첼린지 대회에 나가서 우승까지 하게 되었다. 어떻게 건강과 행복이라는 두 마리 토끼를 함께 잡을 수 있었는지 그 경험을 나누고자 한다.

2. 식스 팩 우승 도전기

헤어디자이너는 나의 일

20대부터 나 스스로 경제력을 갖고 싶었다. 그래서 20대 후반에 첫 번째 헤어숍을 오픈했다. 역동적이고 끊임없이 외모에 변화를 줄 수 있는 이 직업이 너무나 좋았다. 고객들의 외모만 가꾸는 헤어디자이너를 넘어 마음까지 가꾸는 특별한 전문직업인이 되자는 마음에서 야심 차게 출발하였다.

그로부터 십수 년을 뒤돌아볼 시간 없이 숍 운영에만 열중했다. 처음 미용 일을 시작할 때는 기술을 키우기에 급급했다. 타인의 취향까지 파악하기는 힘들었다. 기본기를 다지고 동료나 고객들과 소통하기에도 에너지가 부족할 지경이었다.

그 단계를 지나 경력이 쌓이고 노련미가 생기면서 타인의 마음과 생각을 읽는 능력이 생기는 시점을 마주하게 되자 자신감이 생겼다. 두 번째 매장을 오픈하게 되었고 몸과 마음은 더욱 바빠졌다. 다소나마 성공과 안정이 찾아들 즈음 예전 같지 않게 아픈 곳이 많아졌다.

미용 일이 다 그렇지만 사실 매장 운영은 규칙적이지 않았다. 고객 방문 시기에 따라 식사와 휴식 시간은 들쑥날쑥하기 일쑤고 휴일도 한 달에 고작 두 번뿐이다. 동료와 고객과의 불화나 소통 부재, 특정 고객의 어설픈 클레임도 흔한 일상이다. 오랫동안 함께했던 직원이 가까운 곳에 매장을 오픈하게 되면 그 배신감에 쓸쓸함과 외로움이 찾아들곤 했다.

이렇게 크고 작은 스트레스와 피로감이 나의 심신을 파먹어 가고 있었다. 균형 잡힌 삶의 형태가 흐트러지면서 오른쪽 어깨의 회전근개가 파열되고 오십견이 찾아왔다. 한의원과 정형외과를 오가며 근근이 버티는 신세가 되었다. 그러던 중 정형외과의 물리치료사가 어깨근육 운동을 하라고 권유해왔다. 어쩌겠는가? 살

아야지. 피트니스 센터에 PT 등록을 했다. 살기 위해 주 3회 정도를 목표로 꾸준히 운동을 이어갔다.

바로 이것이 내 인생의 터닝 포인트가 될 줄이야! 나 스스로 몸 관리에 신경을 쓰게 된 계기가 되었으며, 진정한 행복은 자신을 가꾸는 것으로부터 기인함을 깨닫게 된 반환점이 되었다. 바쁜 시간을 쪼개어 미용협회 일과 헤어 쇼 전문 행사에도 적극 참여하는 한편 건강관리에도 충실했다. 내 삶이 열정적으로 변했다.

나와의 싸움이 시작됐다

어느 날 퇴근길에 음악 소리가 들렸다. 우리 매장 주변에 점핑 클럽이 생긴 거였다. 거리도 가깝고 호기심이 생겨 바로 등록하게 되었다. 프로그램 중 하나인 "운동으로 바디 힐링 하기"는 신체적 운동이지만 심리적 안정도 가져오는 힐링 효과가 있었다. 나는 점핑 운동에 푹 빠지게 되었다. 열심히 운동하는 나의 모습에 대한 착각인지, 열정에 대한 오산인지 코치가 식스 팩 대회에 도전하자고 권유했다. 처음엔 말도 안 된다고 단호히 거절했다. 할 엄두가 나지 않았을뿐더러 나 자신과 싸울 자신도 없었다. 무엇보다 주말에 한 번씩 있는 먹방을 어떻게 참아야 할지가 관건이었다. 하지만 속으로 오기가 발동했고 내 오기는 나도 못 말려 결국 도전에 나서게 되었다.

첫 번째 대회에 참가하여 4등을 했다. 예상외로 저조한 성적이었다. 다이어트만 신경을 쓰면 예전보다 더 나은 성적을 거둘 수 있을 것이라는 쉬운 생각을 했었는데 오만이었다.

그래서 두 번째 도전을 하게 되었고 11자 복근이 만들어지면서 2등이라는 쓴맛을 또 보고야 말았다. 6주 만에 식스 팩이 나와야 하고 체지방도 많이 빼야 한다는 점이 턱없이 부족했던 것이다.

화가 많이 났다. 조금만 더 잘했으면 우승할 수 있었을 거라는 아쉬움과 함께 다시 오기가 생겼다.

다시 6주를 걸고 3차 도전을 시작했다

세 번째 도전을 실행하였다. 그리고는 6주 동안 모든 만남을 피하고 닭 가슴살과 야채, 고구마와 간편 도시락으로 식단을 채웠다. 오전에는 뒷산 오르기와 근력 운동, 저녁에는 점핑을 쉼 없이 했다. 전 직원 야유회를 수락산으로 갔을 때도 음식과 술을 거부하고 나만의 단백질 도시락으로 채웠다. 모두들 지독하다며 고개를 저었다. 안 먹고 싶냐고 물어오는데 진짜 거짓말 안 하고 먹고 싶은 마음이 하나도 없었다. 목표가 분명했고 그 목표를 위해 달려가야 한다는 생각밖에 없었기에 유혹이 들어올 틈이 없었다.

거울 속 내 모습

아침마다 새벽 6시 공복시간에는 무조건 거울 앞에 서서 복근 사진을 찍었다. 매일 6주 동안 과제이기도 하지만, 나와의 약속이기도 하다.

헤어디자이너이지만 태어나서 이렇게 많이 거울 앞에서 내 모습을 보게 된 것은 처음이다. 복근이 언제 나타나려나 현미경처럼 살펴본다. 세 번째 도전을 준비하면서 지방이 쭉쭉 잘 빠지는 느낌이 들었다. 인생에서 이렇게 집중해서 무엇을 해 본 건 처음이다. 이왕지사 일이 터진 거 스스로 최선을 다하자고 다짐을 했다. 체지방을 빼면서 나의 몸을 알게 되었다. 뼈가 가늘고, 지방은 듬뿍 쌓이고, 근육은 턱없이 부족한 연약한 몸이라는 걸 그때야 알게 되었다. 운동의 강도를 점차 높이면서 조금이나마 근육선이 보였다. 복근 만들기가 이리도 힘든 운동이었는지 알게 되었다.

결국, 우승했다. 몸무게 55킬로, 체지방 25%였던 내가 바디프로필 1등을 달성 후 몸무게 44킬로, 체지방 10%로 나의 신기록을 찍었다. 정말 그때는 뼈만 남은 멸치 수준이었다. 그것도 세 번째 만에 해 낸 것이다. 그 도전은 진짜 나를 볼 수 있었던 계기가 되었다. 드디어 '1등 바디 프로필'을 찍을 수 있는 기회가 주어졌다. 기쁘고 행복하고 감사할 따름이다.

어두운 밤이 지나가야 밝은 아침이 찾아오고, 비가 와야 날이 맑아 지듯이 인생도 똑같다는 것을 알게 되었다. 지난 3개월 동안 지칠 때 도 많았고, 포기할 생각도 많았고, 내가 이걸 해서 뭘 하겠냐는 수많 은 번뇌가 교차했지만 그걸 이겨내고 해낸 것이다.

3. 나만의 다이어트 방법을
찾아야 한다

　나에게 있어 다이어트의 궁극 목적은 날씬함보다는 평생의 건강한 습관을 가지는 것이다. 뒤돌아보면 바디프로필 도전은 내 생애 최고의 순간 중 하나였다. 누구나 원하는 건강한 몸을 만들기 위해 하나하나 적어가면서 오늘은 무얼 먹고, 어떤 영양을 섭취했는지 기록하는 것도 지나고 보면 의미가 있다. 몸의 변화를 느끼며 하루하루 변화되는 모습 속에 나는 더욱더 노력하게 되었다. 평소 의지가 부족하다고 느꼈는데 4개월간의 트레이닝과 6주간 3번에 걸친 마지막 집중 훈련 끝에 우승을 일구어 내면서 맛본 성취감은 나도 의지와 강단이 있음을 알게 되고, 나를 신뢰하는 중요한 계기가 되었다.

　건강한 식습관을 만드는 것은 다이어트(체중 조절-체중 감소-체중 유지)의 필요조건이다. 그러나 다이어트는 식단도 중요하지만 운동의 중요성이 보다 큰 편이다. 규칙적인 운동은 혈당과 혈압 체지방을 감소시키며 만성질환 개선에도 도움이 된다. 음식을 적게 먹으면 신진대사가 느려지지만 반대로 신진대사를 빠르게 하려면 운동이 필요하다. 30분 이상의 규칙적인 운동은 체지방 감소에 상당히 효과적이다.

먼저, 유산소 운동과 근력운동은 주 2~3회 정도로 하되 체력이 많이 떨어졌다고 생각된다면 체력 향상 운동도 좋다. 기초체력은 건강과 직접적으로 관련이 있는 중요한 요인이기 때문에 건강관리를 위해서라도 반드시 기초체력의 유지가 중요하다. 운동을 하게 되면 행복감을 주는 호르몬인 세로토닌이나 엔돌핀이 증가하게 되는 것은 덤이다. 다양한 스포츠 활동은 쾌감과 함께 정신적 힐링을 가져다준다.

처음 운동을 시작할 때 갑자기 무리하지 않는 것도 중요하다. 살이 찌거나 배가 앞으로 나오게 되면 척추 주변 기립근 근육 등이 욱신거리고 뻐근한 통증이 생기곤 한다. 나 또한 이런 경험이 있기 때문에 뱃살 관리에 아직까지 신경을 쓰고 있다. 먼저 가벼운 스트레칭으로 주변 근육을 풀어줘야 한다. 특히 겨울에는 근육 이완 준비를 더 많이 하는 게 좋다. 허리에 무리가 가는 운동인 스쿼트나 데드리프트 동작을 자제하고 기구를 사용한 운동법을 권장하고 싶다.

일상생활에서 허리를 굽히는 동작들도 가급적 피하는 게 좋다. 머리를 감을 때도 선 채로 감고 물건을 들 때도 허리를 꼿꼿하게 세우고 다리 힘으로 들어 올리는 걸 권장한다. 건강한 몸을 만들기 위해 유산소와 근력운동 두 가지 모두 필요하듯 둘 중 하나만으로는 건강을 챙길 수 없다. 체지방과 지방이 빠지면서 자신의 몸을 점점 알게 되어간다. 식사 조절 과정에서 요요현상을 경험했다면, 그리고 일시적으로 빠졌다가 다시 찌는 경험을 했다면 꼭 근육운동을 권한다. 다이어트가 잘 되어가고 있다는 징후이다. 현재 나의 몸이 결핍 상태라면 정상적인 몸을 먼저 만들고 다이어트를 하는 것을 권한다.

현재는 답답할 수 있지만 멀리 보면 훨씬 더 좋은 선택을 한 것이다. 결국 알게 된다. 꾸준함이 답이고 건강한 삶을 원한다면 운동이 답이다. 음식을 멀리하지 말고 운동을 가까이하는 게 좋다. 주말 먹방을 하면서도 내 몸을 유지하는 비결은 꾸준한 근력운동과 유산소 운동이다. 규칙적인 운동은 근육량의 유지와 뼈 건강 증진, 혈관 개선에 도움이 된다.

나만의 다이어트 방법으로 천천히 관리하는 습관을 만들어 보는 게 좋다.

몸은 정직하다. 급하게 빼면 요요현상을 피할 수 없으니 내 생활 속에서 자연스럽게 스며들게 다이어트 하길 바란다. 웨이트 운동은 근육량과 기초대사량을 올려 살 안 찌는 체질로 변화시킬 수 있다. 하루 아침에 될 수 없지만 꾸준하게 하면 나이가 들어도 유지할 수 있고 맛있는 음식을 섭취하면서 다이어트를 즐겁게 할 수 있다.

날씬한 몸을 유지하면서 건강한 삶을 원한다면 운동을 해야 한다. 나는 음식을 멀리하지 않는다. 먹방 투어를 할 정도로 음식을 좋아한다. 지금도 주말엔 거의 맛집 투어를 하지만, 여전히 건강한 몸을 유지하고 있다.

다이어트의 핵심은 기초대사량이다

기초대사란 신체가 생명을 유지하는 데 필요한 최소한의 에너지 소비를 뜻한다. 신체 내부기관들의 활동에 필요한 에너지를 말하는데 폐로 숨을 쉬거나 심장이 박동할 때 등 우리 몸 곳곳에서 이루어지는 장기들의 활동으로 소비되는 에너지가 바로 기초대사이다. 즉 일을 하지 않아도 우리 몸이 살아있기 위해 저절로 소모되는 에너지의 양이 기초대사량인 셈이다. 기초대사량을 늘리기 위해서는 근육량을 늘려야 한다. 인체의 근육은 자체 생존을 위해 스스로 칼로리를 소모하기 때문이다.

기초대사량을 증가시키는 방법으로는 먼저, 올바른 식품을 선택하고 균형 잡힌 식단을 해야 한다. 단백질이 풍부한 닭 가슴살, 생선, 콩류, 두부 등을 섭취하는 것이 좋다. 다음으로, 근력운동 유산소 운동을 해야 한다. 즉, 혈당이 개선되

는 스쿼트, 플랭크, 계단 오르기, 자전거 걷기 등으로 정기적인 운동을 해야 한다. 마지막으로, 충분한 휴식과 수면이 필요하다. 규칙적인 생활과 충분한 휴식과 수면은 아주 중요한 역할을 한다. 바로 호르몬 때문이다. 수면이 부족하면 스트레스 호르몬인 코르티솔이 증가하는데, 이는 식욕을 자극하고 지방 축적을 촉진할 수 있다. 다이어트를 위해서는 7~9시간 수면이 꼭 필요하다. 기초대사량을 높이는 것은 건강한 체중 관리뿐 아니라 삶의 질을 향상시키는 중요한 전략 중 하나이다.

4. 나만의 효과적인 운동 비결

많은 사람들이 건강을 위해 운동이 중요하다는 것은 알지만 어떻게 운동하는 것이 효과적인지에 대해서는 알지 못하며 또한 알더라도 실천하지 않는 경향이 있다. 하지만 내가 알고 있는 세 가지 방법을 적용해서 꾸준히 실천한다면 머지않아 균형 잡힌 몸매와 건강 증진을 실감할 것이다.

스트레칭을 하자

스트레칭은 신체의 유연성을 증진시키고 근육의 긴

장을 완화하는 가장 효과적인 방법이다. 모든 연령대와 운동 수준에 관계없이 권장되는 운동이다. 스트레칭은 근육이 따뜻해지고 유연해져 갑작스러운 움직임이나 과도한 스트레스에 더 잘 대응할 수 있게 한다. 특히 운동 전 스트레칭을 실시하면 근육이 적절히 준비되고 회복되어 근육파열이나 염좌와 같은 부상을 효과적으로 예방할 수 있다. 유연한 근육은 더 큰 힘을 발휘할 수 있다. 스트레칭은 몸뿐만 아니라 마음에도 이롭다. 근육이 유연하고 긴장이 완화되면 자세가 개선되고 통증도 감소되어 신체적 편안함이 증진된다.

근육을 만들자

중년에게 있어 근력운동은 선택이 아닌 필수다. 중년 이후 건강은 근력에 달려 있다고 해도 과언이 아니다. 근력은 근육의 양이 좌우하는데. 근육량은 30세 전후에 줄어들기 시작한다. 노화에 따른 호르몬 감소 때문이다. 일반적으로 50세 이후 근육은 매년 1~2% 감소하고, 10년이면 평균 4킬로그램 감소하는 것으로 알려졌다. 65세엔 약 25%~35% 정도가 감소하고 80세엔 40% 이상 감소하면서 기력이 떨어진다. 이처럼 근육의 양은 나이가 들면서 줄어들기 때문에 근력운동을 해줘야 한다.

근육이 줄면 근력만 떨어지는 것이 아니다. 근육이 있던 자리에 지방이 채워져 같은 양의 음식을 먹어도 살이 쉽게 찌는 몸으로 변하게 되고 건강에도 악영향을 미친다. 뼈가 약해지고 면역력이 떨어지

며 고지혈증과 당뇨, 지방간이 생길 가능성이 4배까지 높아진다고 한다. 중년에는 상체도 중요하지만 몸의 중심을 바로잡는 기립근과 엉덩이, 허벅지 근육을 키우는 게 중요하다. 근력이 약하면 신체노화가 빨리 진행되니 나이가 들수록 운동을 습관화해야 한다. 특히 근육을 강화해 미끄러지거나 넘어지면서 발생하는 골절이나 근육 파열 등의 부상을 방지하도록 하자.

식단을 관리하자

단백질, 탄수화물, 지방이 풍부한 음식과 채소, 과일을 골고루 섭취하자. 건강 유지에 식단은 매우 중요한 역할을 한다. 올바른 식단 플랜을 갖는 것은 우리 몸과 정신 건강 유지에 도움이 된다. 건강한 식단을 갖추면 영양소를 적절하게 섭취하고 체중을 조절할 수 있으며 심장질환, 당뇨병, 고혈압과 같은 만성질환을 예방할 수 있다. 단백질은 근육과 세포를 구성하며 우리 몸의 재생과 성장에 중요한 영양소이다. 고기, 생선, 유제품, 콩과 같은 단백질을 풍부하게 섭취해야 한다.

건강한 다이어트를 하기 위해서는 식단(70%), 운동(20%), 스트레스(10%) 관리, 이들 3가지 박자가 맞아야 한다. 사람마다 신체의 기능에 따라 다르겠지만 자기 자신을 고통스럽게 만들고 있다면 여유를 가지는 것이 중요하다. 하고자 하는 의지만 있다면 지속적으로 마인드 컨트롤을 해 보자. "난 관리하는 사람이다."를 자꾸 새겨보자. 잊지 말자. 누가 날 보는 게 아니라 내가 날 보고 있으니까.

 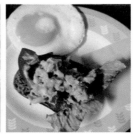

5. 나만의 바디프로필을 찍다

삶은 흘러가는 것이다. 사진을 찍는 순간 사라지기 때문에 똑같은 장면을 다시 찍는다는 것은 불가능하지만 인생은 한 번뿐이다. 운동을 좋아하는 나는 50대, 60대, 그 이후에도 10년에 한 번씩 바디프로필을 남길 것이다. 시간이 없어서 못 가, 무릎이 아파서 못 가, 허리가 아파서 못 가, 약속이 많아서 못 가, 일 때문에 못 가 등의 이유는 만들면 수없이 많다. 하고자 하면 하게 되어 있다. 일 없는 사람 없고 안 바쁜 사람 없다. 내 삶의 우선순위, 그게 중요하다. 난 가족을 지키고 건강을 지키고 오래오래 사랑하고 싶다.

JUST DO IT. 그냥 하자! 멘탈 관리도 내 몫이기에 내가 살아남으려면 자기 관리가 필요하다.

건강은 나 자신을 사랑하는 것이다

우리는 살아가면서 주위 사람만 칭찬하고 나를 사랑하고 칭찬하는 데는 인색하다.

이제부터는 나를 칭찬해보자.

머리를 두들기면서 좋아! 좋아! 좋아!

가슴을 감싸 안으면서 잘했어! 잘했어! 잘했어!

내장을 쓸어내리면서 고마워! 고마워! 고마워!

우리의 보일러인 허벅지를 쓰다듬으면서 수고했어! 수고했어! 수고했어! 수고했어!

늘 나를 칭찬해 보자. 우리 몸이 다 듣고 있어서 더욱 건강해지고 행복한 감정으로 자존감도 향상된다. 한 번뿐인 우리의 소중한 인생을 위해 나의 몸과 마음의 건강을 지켜, 행복하고 아름다운 삶을 스스로 선물하자.

끝으로 오늘의 행복한 나를 있도록 만들어준 우리 JN 헤어숍 친구들에게 너무나 감사를 전하고 싶다.

언제나 따뜻한 마음으로 나보다 남을 먼저 생각하고, 진취적으로 변화를 두려워하지 않는 허숙현 원장님. 늘 한결같은 마음으로 변치 않는 순수함과 우직함, 귀여움도 살짝 보이는 윤미경 실장님, 주관이 뚜렷하면서도 편안한 이미지로 고객님들께 친근감을 보여주는 김상

민 실장님, 늘 밝은 미소로 고객을 응대하고 유행에 빨라 요즘 세대 아이콘을 잘 아는 홍지선 매니저님, 본점과 오가며 인연이 된 계기로 오래도록 친구가 되고 싶은 우리 민호 실장님, 파이팅!!

사랑하는 가족과 형제, 어디서나 서로 힘이 되어준 모든 분들에게 감사함을 표하고 싶다.

그리고 이글을 통해 건강을 선물로 주고 싶다.

"오늘도 나는 카페인 한잔하러 짐에 간다."

PART 2

대양의
푸른 돛을 달고

CHAPTER 1

난세의 영웅 '이순신 리더십'

| 백옥희 |

난세의 영웅 이순신, 그의 애국애민愛國愛民 정신이야말로
위대한 승리의 원천이었다.

KOREA UNIVERSITY INSTITU

학력 및 경력 사항

- 현) KCA한국사장학교이사장
- 전) 우리은행 수지성복지점장
- 연세대학교 경제대학원 석사
- 고려대 명강사 최고위과정 19기 여성회장 | 공저위원장

Email okb077700@naver.com

자격 사항

• AFPK 금융재무설계사
• 평생교육사, 상담심리사

저서

• 고려대 명강사 25시(공저)
 - 난세의 영웅 '이순신 리더십

수상 경력

• 2003년, 2011년 우리은행 VIP 마케팅부문 1위 '명장'상

1. 난세의 영웅 '이순신'

"영국 사람으로서 넬슨과 견줄 만한 사람이 있다는 걸 인정하긴 항상 어렵다. 그러나 그렇게 인정할 만한 인물이 있다면, 그 인물은 바로 단 한 번도 패한 적이 없는 위대한 동양의 해군사령관 이순신 제독뿐이다."

- 조지 발라드

　이순신 장군을 전 세계에서 존경받는 해군사령관 호레이쇼 넬슨과 비견한다면 그것은 타당하지 않다. 영국의 해군들은 정부의 전폭적인 지지하에 전략적으로 지원을 받았지만 조선 조정에서는 오히려 수군을 육지에 배치하거나 폐하려 하는 등 제대로 된 원조는 기대조차 할 수 없었고 군사훈련에 필요한 식량과 대부분의 전쟁 물품들을 자급자족의 환경에서 해결해 나가며 전쟁을 치러야만 했다.

　역사적 위업偉業은 훗날에서야 밝혀지는 사례가 많다. 19세기 일본의 해군사령관 '도고 헤이하치로'는 말하기를 "해군 역사상 군신이라 할 제독이 있다면 그건 영국의 넬슨이 아니라 오직 이순신 장군뿐이다. 이순신 장군과 비교한다면 나는 일개 하사관도 못 된다."라고 하였다.[1] 비록 적장이었음에도 불구하고 이순신 장군의 위대한 리더십 앞에서는 고개를 숙일 수밖에 없었으리라.

　2004년, 역사물로서 방송 역사상 보기 드물게 큰 반향을 일으킨 한 편의 드라마가 있다. 바로 〈불멸의 이순신〉이다. 이미 초등학교 시절부터 교과서에서 배운 이순신 장군 이야기에 매료되었지만 성인이 되어 다시금 드라마를 통해서 이순신 장군을 접하면서 큰 감동을 받았고 그래서 conpia.com을 통해 전편을 보고 또 보았던 경험이 있다. 그때 굳은 결심을 했는데, 언젠가 때가 되면 충무공 이순신 연구가가 되어야겠다는 것이었고 그 결심은 지금도 변함이 없다.

　당시 명연기를 펼쳤던 배우 김명민의 열연에 힘입어 들불처럼 번져갔던 이순신 열풍이 어느덧 잔잔해지고 9년의 시간이 흘러 기억조차 희미해질 무렵인 2014년, 당시 국내 상영 영화 1위를 달리던 김한민 감독의 역작 〈명량〉을 보게 되었고 2024년에는 〈노량〉과 〈한산〉을 이어서 보게 되었다. 다시금 충무공 이순신에 대한 깊은 자긍심과

---

1 『유럽사를 바꾼 독립운동 이야기』, 유아이북스.

함께 그분의 위대한 업적을 재확인할 수 있었다.

나는 아직 충무공 이순신을 다 알지 못한다. 그러나 그분이 남긴 업적에 관한 한은 그 누구보다도 공감하고 그 누구 못지않게 가슴 뜨거운 감동으로 마음 깊이 새겨 두었다. 명필이 아니면 어떠한가. 세상에서 가장 위대한 리더십으로 거룩한 땅 한반도를 왜적으로부터 온몸으로 지켜낸 충무공 이순신을 이 땅에 사는 단 한 사람에게라도 더알릴 수만 있다면 그 어떤 노력도 헛된 것이 아니라 믿는다.

충무공 이순신이 온 마음으로 사랑한 나라, 그가 사랑한 백성들, 대한민국 우리나라 조선땅에 태어난 죄 없는 백성들이 이유도 모른채 무참하게 죽어 나간 그 피의 역사를 짧은 글이더라도 담아 보기로 한다.

아래는 충무공 이순신이 '명량대전'을 하루 앞두고 두려움에 떨고있는 병사들에게 용기를 붇돋우기 위해 임전훈臨戰訓에서 했던 명연설이다.

"조선 수군은 패배할 것이다. 우리 모두는 전멸할 것이며 그러므로 이곳 명량의 바다는 조선 수군의 무덤이 될 것이다. 적이 그렇게 믿고 있다. 또한 대부분의 아군들도 우리 조선 수군의 패배를 기정 사실로 받아들이고 있다. 나는 지난 6년간 수많은 전장에 부하들을 세워왔고 단 한 번도 진 바 없다. 나는 승리를 확신하지 못하는 전장으로 부하들을 이끈 바 없기 때문이다. 허나 이번에는 나 역시 아무것도 자신할 수 없다. 수십 배에 달하는 적과 싸우기에는 우리가 가진 병력이 너무도 일천하며 또한 우리 조선 수군이 싸워야 할 울둘목의 저 험준한 역류는 왜적보다 더 무서운 적이 되어 우리 앞을 가로막을 것이다. 그럼에도 이 모든 악조건을 모두 안고서라도 나는 그대들과 더불어 전장으로 나아갈 것을 희망한다. 승리에 대한 확신은 없다. 단 한 명의 전사자도 없이 전장을 벗어나리라 장담할 수도 없다. 오직 내가 할 수 있는 유일한 약조는 내가 조선 수군의 최전방을 지키는 전의군이 되겠다는 것, 그것뿐이다. 대장선이 가장 먼저 적진으로 진격할 것이며 적을 섬멸하지 않는 한 결코 이 바다를 벗어나지 않을 것이다."

"살고자 하면 죽을 것이요. 죽고자 하면 살 것이니 목숨과 바꿔서라도 이 조국을 지키고 싶은 자 나를 따르라."[2]

이는 충무공 이순신의 평생 좌우명이기도 하다. 이제 그가 어떤 리더십으로 나라와 민족을 위해 그 한 목숨을 기꺼이 바쳤는지 시대 흐름을 따라 5항목으로 구분하여 그 위대한 발자취를 따라가 보자.

---

2 KBS 드라마 〈불멸의 이순신〉 중에서

2. 선견지명(先見之明)의 리더십

선견지명은 어떤 일이 일어나기 전에 '미리 앞을 내다보는 지혜'를 말한다. 선조 재위 25년, 임진왜란은 조선 건국 200년 만에 일어난 난국이었다. 근 20년간 크게 환란이 없는 시대를 누리다가 모두가 무사안일無事安逸에 젖어 있을 때 전라좌수사 이순신은 장차 왜적의 침략을 예견하여 임진왜란이 있기 1년 전부터 이미 조선 수군의 수비를 강화시켰다. 그 덕분에 1592년 15만 일본 육군 정규부대를 포함한 약 30여만 명의 왜군이 침략하였을 당시 역사상 전무후무前無後無한 병력 규모임에도 불구하고 열악한 상황을 초월하여 끝까지 나라를 지키고 백성들을 토탄에서 구해낼 수가 있었다.

1545년 3월 8일

순신은 지금의 서울 중구 인현동 부근인 건천동에서 태어났다. 덕수 이씨 양반가문에서 태어난 순신은 한양에서 유복한 어린 시절을 보내던 중 고향에서 실학의 대가 유성룡을 만나게 되었다. 둘은 형 동생으로 지내며 절친이 되었는데 이들의 만남은 장차 이순신이 일촉즉발一觸卽發 위기의 조선을 구하게 되는 데에 결정적인 계기가 된다.

순신의 소년시절, 순신의 조부인 이백록과 아버지 이정이 끝내 과거급제를 하지 못하자 어머니 초계 변씨는 가문이 기울어 가는 것을 직감하고 네 아들 이희신, 이요신, 이순신, 이우신의 의기가 꺾일 것을 우려하여 맹모삼천지교孟母三遷之敎의 마음으로 외가가 있는 충남 아산으로 이사를 갔다. 1565년, 순신의 나이 20살 때 보성군수를 지냈던 방진의 사위가 되었는데 무관 출신 장인의 안목으로 이순신은 10년간 준비했던 문관고시를 단념하고 무관의 길을 선택하게 된다.[3] 무관임에도 불구하고 이순신이 훗날 임진왜란의 귀중한 사료史料가 된 '난중일기'와 한시 등을 쓸 수 있었던 것은 오랜 시간 문관으로서 자질을 닦은 때문이었으리라. 그러나 이순신의 젊은 시절은 그다지 순탄치 않았는데 1572년 무과시험 중 말에서 떨어져 무려 4년이 지난 뒤인 32살의 나이에 무과시험을 통과하는 등 그때까지의 이순신은 남다른 면모를 보이지 않았다.

---

3 『이순신의 바다』 중에서

1576년 12월 함경도동구비보 종9품 권관 육군장교로 첫 부임을 시작으로 1580년 7월에는 전남 고흥에 정4품 수군만호로 임용되었다. 어느 날, 열세의 군사로 여진족과 싸우던 중 패해 100여 명이 넘는 백성들이 포로로 끌려가자 시급히 군사를 수습하여 여진족에게 끌려간 포로 60명을 다시 구해내는 등 공을 세웠으나 되레 억울한 누명을 쓰고 백의종군했다. 이처럼 그는 젊은 시절부터 강직한 성품 때문에 주변의 시기와 모함으로 여러 차례 수난을 겪고는 하였다. 그러다가 임진왜란이 일어나기 바로 1년 전 1591년, 어린 시절 친구였던 유성룡의 추천으로 47세의 나이에 조정으로부터 전라도 수군절도사로 임명이 되었는데 지금으로 치면 종6품에서 종3품으로 초고속 승진을 한 셈이다. 이순신은 전라도 수군절도사로 부임하자마자 일본군의 움직임이 심상치 않음을 감지하고 군관 나대용을 기용하여 세계 최초의 철갑선을 만들라 명하고 수군력 강화를 위하여 철저하게 군사들을 훈련시켰다.

그즈음, 100여 년간의 일본 내전을 종식시키고 일본을 통일시킨 관백 도요토미 히데요시는 조선을 침략하기로 결심한다. 물론 그가 차지하고 싶은 곳은 명나라였지만 조선땅을 거치지 않고서는 명나라를 정벌할 수 없었기 때문에 먼저 조선땅을 치기로 결심한 것이다. 아직도 세력이 건재해 언제든 위협의 대상이 될 수 있는 영주들의 관심을 나라 밖으로 돌려 그들의 세력을 분산시키고 국내 정치를 안정화하려는 것과 국제 교역 활성화에도 목적이 있었다.

1592년 임진년 5월 23일(선조 25년, 음력 4월 13일)

고니시 유키나가가 이끌던 일본군 병력 16만과 함대 700척이 오후 5시경 부산포를 침략하여 임진왜란이 발발하였으며 그로부터 약 7년 간 악몽 같은 임진왜란이 전개되었다. 일본군들은 거침없이 달려와 단 보름 만에 수도 한양을 함락시키기에 이르렀고 선조는 백성들을 버려둔 채로 피난길에 오르게 된다. 조선의 운명은 한 치 앞을 내다볼 수 없을 만큼 풍전등화風前燈火의 지경에 이르렀다.

이미 1592년 5월 7일, 이순신은 경상우수사 원균의 지원 요청을 받고 옥포 앞바다에 정박해 있던 일본의 수군 함대 26척을 전멸시킴으로써 바다 위에서 최초의 승리를 거둔 바가 있었고 이것은 임진왜란의 신호탄과도 같았다.

1592년 4월 25일

당시 임금으로부터 출전하라는 명을 받았음에도 이순신은 출격을 할 수가 없었다. 당시 이순신의 함대는 겨우 25척에 불과했고 그 정도 규모로는 이길 승산이 없었다. 그래서 하루하루 전라 우수사 이억기의 원군만을 간절히 기다리고 있을 무렵 녹도 만호가 찾아와 우수사는 오지 않고 적은 점점 서울로 쳐들어가고 있으니 통분함을 이길 수 없거니와 만약 기회를 잃으면 후회막급이라고 고했다.[4] 이에 곧장 중

---

4 이순신의 '난중일기' 중에서

위장을 불러 다음 날 새벽 출격을 약속했다. 그리고 5월 4일 이순신은 26척의 판옥선과 46척의 어선을 인솔하여 옥포로 향했다. 옥포, 합포, 전진포 해전에서 적군 46척을 격파하고 임진왜란 발발 후 첫 승을 거둔 이순신은 비로소 자신감을 가지고 전쟁에 임할 수 있었다. 그 당시 참혹한 현실은 난중일기에 잘 표현되어 있다. 이 싸움의 승리는 이순신이 이미 임진왜란 1년 전부터 전쟁을 예감하고 수군력 강화 및 거북선을 비롯, 쉬지 않고 판옥선을 건조하며 다가올 전쟁을 준비한 덕분이었다. 그해 4월, 육지에서는 부산진과 동래가 이미 함락되었고, 옥포 해전 승리는 조선군의 최초 승전보였다.

1592년 5월 29일

전라우수사 이억기가 오지 않아서 홀로 여러 장수들을 인솔하고 새벽에 출발하여 노량에 이르니 … 중략… 적의 무리는 두려워서 물러나다가 화살에 맞는 자들이 몇백 명이나 되는지 알 수 없었고, 왜적의 머리도 많이 베었다. 군관 나대용이 탄환에 맞았으며, 나도 왼쪽 어깨 위에 탄환을 맞아 등으로 뚫고 나갔으나 중상에는 이르지 않았다. 13척의 적선을 불태우고 물러나 주둔했다.

1592년 6월 5일

아침에 출발하여 고성 당항포에 이르니 왜선 1척은 판옥선처럼 크고, 배 위에 누각이 우뚝 솟았는데, 소위 장수 된 자가 그 위에 앉아 있었다. 중간 배는 12척이요 작은 배는 20척이었다. 일시에 쳐부수어 화살이 빗발치듯 하니 화살 맞는 자가 얼마나 되는지 알 수 없었다. 왜장의 머리도 무려 일곱이나 베었다. 나머지 왜병들은 육지로 올라가 달아났으나 살아남은 수효는 매우 적었다. 아군의 기세가 크게 떨쳐졌다.[5]

그리고 1592년 9월 1일, 난중일기에도 기록이 되지 않은 대격전이 있었다. 1592년 음력 9월 1일 부산포 앞바다에 500여 척의 일본 함대가 정박해 있었다. 부산항은 일본군의 전진기지로서 이순신은 순찰대 및 여러 경로를 통해서 이미 일본 함대의 규모를 파악하고 있었다. 전라좌수 이순신, 전라우수 이억기, 경상우수 원균이 함께한 조선수군연합함대는 3척의 거북선과 80여 척의 판옥선을 갖추고 있었으며 부산포 앞바다에 도착하자 장사진을 이루어 전투태세를 갖추었다. 조선함대를 발견한 일본군은 모든 전선을 포구에 묶어둔 채 주력부대는 육지로 올라갔다. 일본 함대는 그때 3군데로 나누어 정박하고 있었다. 이날 조선수군의 주력함대는 거북선이었지만 육상에서 조총과 화살과 대포로 공격해 오는 일본군에 비해 조선함대는 불리한 위치였다. 조선수군은 포격전으로 맞섰다. 부산포 해전은 임진년 최대 규모의 해전으로서 이순신은 그 해전에서 정박해 있던 왜선을 무려

---

5 이순신의 '난중일기' 중에서

104척이나 격파시켰다.

이 해전에 대해서 이순신은 큰 의미를 담아 선조에게 장계를 올린 바 있다. 왜군들의 사기를 꺾은 것은 물론, 전투의 치열함과 전과를 볼 때 임진년 그 어느 해전보다 큰 싸움이었으며 무엇보다 일본 수군의 병참기지를 공격함으로써 이미 평양까지 올라가 있던 고니시의 부하들에게 물자보급이 차단되어 전투를 계속할 수 없게 만들어 일본의 전쟁 수행에 막대한 차질을 빚게 한 것이다. 실제 부산포해전은 일본의 전쟁 수행 전략에 큰 변화를 일으켰고 이후 일본군은 거제와 부산까지 한 눈에 내려다볼 수 있는 안골 뒷산을 시작으로 요지 곳곳마다 30개가 넘는 왜성을 쌓아갔다.

3. 선승구전(先勝求戰)의 리더십

선승구전은 '미리 이겨놓고 난 뒤에 싸운다'는 뜻이다. 한마디로 이순신의 리더십은 선승구전의 리더십이라 해도 과언이 아니다.

한산대첩에서도, 명량해전에서도 그리고 임진왜란 마지막 대전인 노량해전에서도 어느 하나 만만한 전투가 없었고 어느 하나 유리한 조건에서 치러진 전투라고는 없었다.

명량에서는 조류가 바뀌기까지 최대한 시간을 벌기 위해 관례상 앞에 나서지 않는 대장선이 앞장서서 격전을 벌임으로써 시간을 끌었고 노량대전에서도 마찬가지였다. 이순신은 언제 어느 때든 이길 수 있는 조건을 갖추기 전에는 그것이 임금의 명이라 하더라도 함부로 전투에 나가는 법이 없었다. 아무리 바쁜 때에도 활쏘기 연습을 게을리하지 않았고 꾸준히 책을 읽음으로써 병법, 전략, 전술에 능한 장수가 되어 결정적인 때 이길 수 있는 조건을 만들어 조선 땅과 백성들을 왜적의 침략으로부터 지켜낼 수가 있었다.

1592년 8월 13일

조선을 침략한 일본군이 옥포(거제), 당포, 당항포, 울포 등지에서 잇따라 패배하자 '와키자카 야스하루'가 이끄는 정예부대 74척이 쳐들어와 견내량에 정박했고 '구키 요시다카'가 이끄는 적선 40여 척이 뒤따랐다. 당시 전라우수사와 경상우수사의 함대를 모두 합해도 조선의 전선은 거북선 3척과 판옥선 52척에 불과했으며 일본군이 정박해 있는 당포 앞바다 견내량은 폭이 좁고 암초가 많아서 판옥선의 운영이 쉽지 않았다. 이순신은 일본 수군을 한산도 앞바다로 유인해서 싸워야만 승산이 있음을 깨닫고는 그 유명한 학익진 전술을 계획한다.

학익진鶴翼陣이란 학이 날개를 펼친 모양으로 진을 친다는 의미로, 말 그대로 학의 날개처럼 원을 그리며 적을 포위해 나간다는 뜻이다. 판옥선 대여섯 척이 일본 수군을 공격해서 그들이 반격해 오면 마치 도망치듯 한산도 앞바다로 그들을 유인해서 물리치고자 했던 이순신의 전략은 적중했다.

1592년 8월 14일

한산도에서 거북선 3척이 적군의 중앙을 돌격해 적을 혼란에 빠뜨린 사이 겹겹이 일본 수군을 포위한 판옥선들이 포를 쏘아 순식간에 적을 격파했고 이 해전에서 이순신, 이억기, 원균의 조선 수군은 일본군의 적함 47척을 분파하고 12척을 나포하는 등 대승을 거두었다.

이처럼 정교하게 짜인 전술은 해전 역사상 없는 일이었으며 현재까지도 이 전술은 해외에서 해군훈련 과정에서 주요 과목으로 다루어지고 있을 정도이다. 이 전투에서의 패배로 일본은 남해안 재해권을 조선에 넘겨주어야 했고 조선은 전라도, 충청도, 황해도 등 주요 곡창지대를 지켜낼 수 있었다. 한산대첩의 승리를 계기로 이순신은 상도수군통제사로 승진하게 된다.

임진왜란 초기, 마치 내일이라도 당장 조선을 삼킬 듯이 파죽지세破竹之勢로 달려들었던 일본군의 위력은 이순신이 이끄는 수군과 조선군들의 활약으로 주춤해지고, 이순신의 승리를 기점으로 하여 들불처럼 번져 나간 의병들의 투항과 더불어 명나라 군사까지 합세하자 열세로 몰리게 된 일본군은 갖가지 계략을 짜게 되는데 그중 하나가 조정 스스로 이순신을 제거하도록 덫을 놓는 것이었다.

일본군은 부산에 일본군들이 진격을 한다는 거짓 정보를 흘려 이순신에게 선조의 출정 명령이 떨어지게 유도하였다. 선조의 명을 받고도 기후를 포함한 여러 불리한 여건들로 인해 이순신이 출정을 거부하자 1597년 6월 선조는 이순신이 왕명을 거역하였다는 죄명으로 모든 관직에서 파직하고 한양으로 압송하라 명하였다.

한 달간의 혹독한 심문을 받은 뒤 풀려난 이순신은 간신히 목숨만을 부지하고 두 번째 백의종군을 하기에 이르렀다. 하지만 이순신의 불행은 그뿐만이 아니었다. 아들이 압송되어 갔다는 소식을 듣고 어머니가 병중에도 불구하고 여수에서 배를 타고 올라오던 중 병사하였다는 소식에 평소 어머니에 대한 효심이 지극했던 이순신은 망연자실하며 한탄했다. "천지간에 어찌 나와 같은 일이 또 있겠는가? 일찍 죽는 것만 못함이로구나."

이순신의 충심忠心은 어머니로부터 배운 것이라 해도 과언이 아닐 것이다. 평소 아들의 어머니에 대한 심려가 크자 아들의 고민을 덜어주기 위해 어머니 초계 변씨는 79세 노구에도 불구하고 아들이 머물고 있는 전라도 인근 여수로 이사를 하였다. 그때 뵈었던 어머니의 모습이 마지막이 될 줄이야….

순신이 여수 어머니 댁에 들러 마지막 하직 인사를 하였을 때에 어머니는 의연한 목소리로 말씀하셨다. "잘 가서 나라의 치욕을 크게 씻어라." 두 번 세 번 이리 타이르시며 이별에 대해서는 조금도 탄식하지 않으셨다.

― 난중일기 중에서

참으로 그 어머니에 그 아들이 아닐 수 없다. 이순신의 어머니 초계 변씨는 현재에도 '조선을 살린 어머니'로 이름을 남기고 있다.

4. 위기관리(危機管理)의 리더십

　이순신은 위기관리에 철저한 리더였다. 부하들이 달 밝은 날에는 적의 야습이 없을 거라고 방심하였지만 이순신은 일본군과 대치 중에는 어떤 상황에도 갑옷을 벗지 않았다고 한다. 달빛이 밝다 하여도 한산도에 있는 큰 산 그림자 때문에 바다가 어두워진 곳이 있으며, 이 곳으로 적의 기습이 있을 수 있다고 판단하였기 때문이다.

　이순신은 아무리 임금의 명이라 하더라도 패배할 수밖에 없는 무모한 싸움에 병사들을 내몰지 않았다. 이처럼 철저한 위기관리를 하는 이순신이었지만 싸워야 할 때에는 위험을 회피하지 않았다. 명량해전이 그러했다.

　1597년 7월 16일 칠천량해전에서 원균이 대참패하면서 이순신이 피땀으로 일구어 온 300척의 조선함대와 수군이 궤멸되었고 그 전투에서 원균 또한 일본군에게 사살되었다. 그제야 다급해진 조정은 다시금 이순신을 불러 삼도수군통제사로 임명하였다. 그때 남아있는 배는 고작 12척이었다. 1597년 8월, 삼도수군통제사로 임명된 이순신에게 선조 임금이 권율 휘하에 있는 육군으로 편제하라는 명령이 있자 이순신이 장계로써 임금에게 고한다. "만일 지금 수군을 없앤다면 적이 바라는 대로 하는 것이며 적은 호남과 호서의 연해안을 돌아 한강으로 올 것입니다. 신은 이것을 두려워하지 않을 수 없습니다. 수륙水陸의 전투와 수비 중 어느 하나도 없애서는 안 됩니다."**6** 그리고 말하기를, "신에게는 아직 12척의 배가 남아있습니다. 전선의 수가 절대부족하지만 보잘것없는 신이 살아있는 한 감히 적은 조선의 바다를 넘보지 못할 것입니다今臣戰船尙有十二 出死力拒戰 則猶可爲也."

이후 배 한 척을 더 구해 남아있는 배 한 척과 붕괴된 조선 수군을 재건하여 이순신은 13척의 배로 '명량해전'을 치르게 된다. 133척의 대함대를 이끌고 쳐들어온 일본 수군은 아무리 이순신이라도 겨우 13척의 배로는 자신들을 이길 수 없을 것이라고 자신했을 것이다.

명량해전 바로 하루 전인 1597년 9월 15일, 必死卽生 必生卽死필사즉생 필생즉사, "병법에 이르기를 반드시 죽고자 하면 살고 반드시 살고자 하면 죽는다 했고 한 사람이 길목을 지키면 천 사람을 두렵게 할 수 있다고 했으니 지금 우리를 두고 이름이라. 너희 여러 장수들은 각각

---

6 선조수정실록

조금이라도 영을 어긴다면 즉각 군율대로 시행해서 작은 일일 망정 용납하지 않겠다."7

이순신은 이렇게 부하들의 용기를 북돋았고, 기필코 승리를 이루어야겠기에 치밀하게 울돌목의 지리와 시간에 따른 조류의 변화를 관찰하며 전술을 짜 나갔다. 그 결과 적함 133척 중 30여 척을 격파시키며 적을 후퇴하게 만들었고 이는 이순신 스스로도 천행이라 이를 만큼 기적적인 일이라 할 수밖에 없는 위대한 승리였다.

1597년 9월 16일

이른 아침에 별진군이 보고하기를 적선이 그 수를 헤아릴 수 없을 정도로 명량을 거쳐 바로 우리가 진 치고 있는 곳을 향하여 들어온다고 했다. 즉시 여러 배에 명령하여 닻을 들고 바다로 나가니 적선 1백 30여 척이 우리의 여러 배를 에워쌌다 …중략… 나는 뱃머리를 돌려 바로 들어가 빗발치듯이 마구 쏘아 댔더니 세 배의 적들이 거의 다 섬멸되었을 때 녹도 만호 송여종과 평산포 대장 정용두의 배가 뒤쫓아와서 협력해 쏘아 죽여 적은 하나도 몸을 움직이지 못했다. …중략… 적선 31척이 부서지자 적선들은 피하여 퇴각하고 다시 접근하지 못했다. …중략… 이는 실로 천행이었다.8

---

7 이순신의 '난중일기' 중
8 이순신의 '난중일기' 중에서

여기서 우리는 이순신으로부터 불가능을 가능하게 만드는 불굴의 리더십을 배울 수 있다. 그는 어떤 불가능한 상황에서도 기어코 방법을 찾아내고 절대 포기하는 법이 없다. 경상남도 진해에 있던 일본 해군사령부가 중요하게 여겼던 연례 행사가 있다. 바로 통영충렬사에서 이순신 진혼제를 올리는 것이었다. 이순신은 심지어 적에게조차도 숭배를 받는 군신軍神 중의 군신軍神이었던 것이다.

이순신은 상벌이 명확했다. 난중일기에는 남의 개를 잡아먹은 부하에게 80대 곤장을 때리는 엄벌을 처한 기록이 있다. 전쟁에 승리하기 위해서는 군율을 엄중히 해야 하겠기에 부하들의 죄를 엄격하게 다룰 수밖에 없었던 것이다. 그래서인지 훈련을 게을리하는 병사들을 아주 엄격히 다스려 오죽하면 조선 수군이 제일 무서워하는 것은 왜군보다 이순신이라는 말이 있을 정도였다. 하지만 늘 엄격하기만 한 것은 아니다. 일개 병졸의 공을 하나하나 세세히 적어 장계를 올려 포상을 받을 수 있게 도와주고 자신의 공적을 부하들에게 돌리는 경우도 허다했다 한다. 그중 하나가 명량해전의 공적을 부하 안위에게 준 것인데 덕분에 안위는 초고속 승진을 할 수 있었다고 한다.

5. 겸양(謙讓)의 리더십

　이순신의 겸양은 "적을 업신여기면 반드시 패한다輕敵必敗之理."라는 말에서도 찾아볼 수 있다.

　이순신에게는 명량대첩도 천행의 결과였고 모두 부하들의 공이었다. 이순신이 진린의 마음을 사로잡은 품성 중의 하나가 바로 겸손이었다. 이순신은 절이도해전이 끝나고 적군의 수급 40급을 진린에게 주었고, 승리의 공을 진린에게 돌리는 장계를 덧붙여 올리기도 하였다.9

　이처럼 이순신은 전란의 공에 대한 욕심을 버리고 진린에게 전공을 양보함으로써 그를 감복시키기에 이르렀고, 이렇게 쌓인 신뢰감

---

9 선조실록, 선조 31년

으로 이후 조명연합군은 혼연일체渾然一體가 되어 서로 힘을 합하여 일본군을 소탕할 수가 있었다.

난중일기에는 "사직의 위엄과 영험에 힘입어 겨우 작은 공로를 세웠는데 임금의 총애와 영광이 너무 커서 분에 넘친다."라고 기록되어 있다. 이토록 작은 것도 감사함과 겸손함으로 받아들이는 이순신의 마음가짐이야말로 세상의 리더들이 진정 배워야 할 중요한 덕목이 아닐까 한다. 이에 대해 백사 이항복은 그가 지은 『전라좌수영대첩비문』에서 다음과 같이 이순신을 평가하였다.

"이순신의 화평하고 어진 덕과 과단성 있게 일을 처리하는 재능, 그리고 상과 벌을 곧바로 주는 용기는, 만일 다른 사람이 이런 정도의 분이라면 백세에 이름을 날릴 사람이라 하겠지만 이순신은 그저 당연히 해야 할 하찮은 일로 여겼을 뿐 공명을 바라지 않았던 사람이었다."

참으로 역사에 길이 남을 위대한 인물이라 아니할 수 없다.

6. 소통(小桶)의 리더십

마지막으로 위대한 리더들마다 공통적으로 가지고 있는 능력이 있다면 바로 소통의 능력일 것이다. 이순신의 '난중일기' 곳곳에는 여러 장수들과 부하에 이르기까지 새벽까지 전술을 논하고 이야기를 나누는 장면들이 나온다. 이순신은 여러 사람들의 의견을 경청하고 격의 없이 토론하였는데 상하, 위계에 얽매이지 않고 허심탄회하게 이야기함으로써 여러 가지 창의적인 아이디어를 얻어낼 수 있었다.

"이순신이 한산도에 있을 때 '운주당'이라는 집을 짓고 밤낮으로 그곳에 거처하면서 여러 장수들과 군사 일을 논했는데 졸병이라도 말하려는 자가 있으면 언제든 그것을 허락했다. 또 전투에 나설 때마다 부하 장수들을 불러 모아 계책을 묻고 작전 계획을 정한 뒤 출정했기 때문에 패하는 일이 없었다."[10]

그뿐 아니라, 이순신은 백성들과도 소통하기를 즐겼다. '난중일기'에는 '반형좌어로방班荊坐於路傍'이라는 말이 나오는데 이는 '길에서 싸리나무를 꺾어 그 위에 앉아 이야기를 나눈다.'는 의미이다. 이처럼 이순신은 격의 없는 모습으로 백성들의 말에 귀를 기울이고 백성들의 안전과 억울함을 해결해 주려는 목민관의 마음가짐을 잊지 않았다. 왜란 중에도 늘 인근 백성들의 고초를 가슴 아파하고 백성들의 안위를 자나 깨나 걱정하였는데 한 예로 조선을 돕기 위해 고금도에 정착한 진린의 군사들이 조선 백성들을 학대하고 재물을 약탈하며 괴롭히자 이순신이 이사 갈 채비를 하였다. 이 소문을 들은 명군제독 진린은 이순신에게 통역관과 아장을 보내 그 이유를 물었다. 이순신은 말하기를 "우리 조선 군민이 명나라의 도독이 오는 것을 보고 부모와 같이 우러러보았더니 이제 명군이 폭행과 약탈을 일삼아 백성과 군졸들이 견딜 수 없어 모두 다른 곳으로 피하려 하오. 내가 대장이 되어 홀로 이곳에 있을 수 없어 나도 역시 진을 옮겨 보화도로 가고자 하오." 진린이 이 말을 듣고 달려와 이순신의 손을 잡고 만류하였고 진린은 그 자리에서 명군 진중을 조사하여 약탈한 군사를 일일이 이순신에게 보내 처벌하게 하였다. 이후 명나라 병사들은 이순신을 자기 도독보다도 더 무서워하여 더는 약탈을 못 하였다고 한다. 기발한 처

---

10 류성룡의 『징비록』 중

세술이요 용인술이 아닐 수 없다.

이토록 애민愛民의 면모까지 두루 갖추어 최고지휘관으로서 부족함이 없는 충무공 이순신에게는 남모르게 극심한 고통이 있었다. 난중일기에 기록된 내용에 의하면 잦은 부상과 고문으로 인한 깊은 후유증, 끝이 보이지 않고 되풀이되는 전쟁에 대한 스트레스와 휴식 부족으로 건강이 악화되어 하루에도 몇 번씩 혼절을 하는 등 정신적, 육체적 고통이 극에 달했다. 거기에다가 셋째 아들 이면이 일본군에 의해 살해되고 나서는 아비로서 극심한 심적 고통을 가누지 못해 남몰래 소금창고에 들어가 울었다는 내용을 남길 정도로 그의 일생은 슬픔과 고난으로 가득 차 있었다. 임진왜란이 시작되고 마지막 전투에서 죽음을 맞이하기까지 이순신의 인생은 단 하루도 편할 날이 없었다.

1598년 9월 18일

드디어 임진왜란의 원흉이나 다름없던 도요토미 히데요시가 죽자 그의 지시대로 일본군은 조선에서 철수하여 도망칠 준비를 하게 된다. 이순신은 조선의 땅을 무고한 백성들의 피로 물들게 한 일본군을 그대로 돌려보내지 않으리라 결심하고 1598년 12월 명나라의 수군과 함께 노량 앞바다에서 임진왜란 최후의 격전이 될 노량해전을 벌이게 된다. 그날 이순신은 새벽부터 아침 7시까지 선두에 나서 전투를 지휘하다가 그만 적의 총탄에 맞아 눈을 감게 되었는데 이순신이 남긴 마지막 유언에 따라 아들 이회는 아버지의 죽음을 병사들에게 알리지 않고 옷으로 아버지의 시신을 가린 다음 북을 치며 전투를 계속하여 결국은 도망치는 왜군들의 함선을 450척이나 대파했다.

이순신의 죽음은 전투가 다 끝난 뒤에야 병사들에게 전해졌고 노량 앞바다는 순식간에 통곡 소리로 뒤덮였다. 특히 이순신과 함께 전투를 치렀던 명나라 장수 진린의 슬픔은 우리 백성들 못지않았고 그역시 땅을 치며 대성 통곡을 했다고 한다. 진린은 자신이 탄 가마가 이순신이 탄 가마를 앞지르지 못하게 했을 정도로 이순신의 능력과 품성을 높이 평가했으며 이순신을 명나라에 데려가고 싶어할 만큼 그를 흠모했다고 전해진다.

당시 이순신을 해하고자 하는 조정의 무리들로부터 이순신을 수없이 위기에서 구해주었던 서애 유성룡은 훗날 이렇게 말하였다.

"이순신은 백 번 싸운 장군으로서 한 손으로 친히 무너지는 하늘을 붙든 사람이었다. 그리고 이순신은 재질을 가지고도 운수가 없어 백 가지 재능을 한 가지도 풀어보지 못한 사람이었다."

1598년 12월 26일

편범불반片帆不返, "단 한 척의 배도 돌려보내지 않으리라." 했던 이순신의 맹세대로 일본군은 처절한 패배를 안고 본국으로 돌아갔다. 그토록 끈질기게 이어졌던 임진왜란 7년 전쟁은 그렇게 막을 내렸다. 54세의 나이로 이순신은 자신이 사랑한 조선의 앞바다 노량에서 조용히 숨을 거두었다.

그리고 세월이 흘러 1643년, 인조는 무관에게 있어서는 최고의 영예인 충무공이라는 시호를 이순신에게 내렸다. 동서고금을 통틀어 가장 완벽한 장수였고 그래서 적국이었던 일본에서조차 사후 경배를 하였을 만큼 탁월한 전략가이자 전술가인 충무공 이순신 장군은 지금까지도 전 세계 해전 역사에 길이 남을 자랑스러운 대한민국의 명장으로 기록되고 있다.

1598년 11월 19일
통제사 이순신을 애도함

한산도 고금도

넓은 바닷속 두어 점 푸르구나

그때 백전노장 이 장군이

한 손으로 친히 하늘 한쪽 벽을 버티었네.

고래를 다 죽이니 피가 파도에 번지고

맹렬한 불길은 오랑캐 소굴 다 태웠구나.

공이 높아지니 시샘과 모함 면하지 못했으나

기러기 털 같은 목숨 아끼지 않았네

그대는 보지 않았는가

현산 동판 머리 위 한 조각 돌에

노량해전 막바지였던 1598년 11월 19일 새벽 이순신은 전사했다. 7년 전쟁 기간 중 잦은 부상과 극심한 고문으로 인한 후유증으로 무려 900일 이상을 극심한 육체적 고통에 시달려야 했던 이순신, 그럼에도 불구하고 불굴의 투지를 보인 그가 후퇴하는 적선과의 전투에서 사망했다는 사실은 아이러니가 아닐 수 없다. 노량해전에서 장렬하게 최후를 맞이한 이순신의 죽음과 함께 임진왜란도 끝나고 파란만장했던 이순신의 삶도 끝이 났다. 그러나 대한민국이 존재하는 한, 그의 위대한 리더십은 우리나라 후손들뿐 아니라 전 세계 곳곳에 두루 전파되어 이순신은 대한민국을 빛나게 한 위인으로 길이 남을 것이라 생각한다. 난세의 영웅 이순신, 그의 애국애민愛國愛民 정신이야말로 위대한 승리의 원천이었다.

---

11 류승룡의 『징비록』 중에서

CHAPTER 2

쑥_스러운 엄마는
크리에이터가 됐다
|엄윤숙|

지금의 내 모습은 내가 한 선택이 누적된 결과물이고 꾸준함과 성실함의 결과물이다.
누적의 시간이 쌓이고 쌓여 이루어진 것이 성장이라는 모습이다.

KOREA UNIVERSITY INSTITU

▶ 학력 및 경력 사항 ◀

- 고려대 명강사 최고위 과정 홍보소통위원장
- 더뉴그레이 영상편집과정 수료
- 케이모델크루 전속 모델, 한국모델협회 정회원
- 리브 앤 라이브 크리에이터 과정 수료
- 서울시50+ 워킹 강사 출강
- 하남, 도봉 평생학습관 워킹 과정 출강
- 라이브커머스 쇼호스트 소상공인지원단

Instagram @style_sook2020
Youtube @style_sook2020 쑥_스럽게

강의 분야

- 바른 몸, 아름다운 워킹
- 인스타그램, 유튜브 크리에이터 과정
- 영상 촬영 편집 과정
- 퍼스널 브랜딩

자격 사항

- 요가지도자 2급 자격증, 모델지도자 자격증
- 시니어 워킹 지도자
- 명강의 명강사 1급
- 리더십 지도자 1급
- 스피치 지도사 1급
- 기업 교육 강사 1급
- 평생 교육 강사 1급
- 시니어 교육 강사 1급

저서

- 고려대 명강사 25시(공저)
  - 쑥_스러운 엄마는 크리에이터가 됐다

1. 아무것도 하지 않으면 아무 일도 일어나지 않는다

어김없이 아침 아홉 시가 되면 인스타그램과 유튜브에 업로드할 영상을 찍는다. 쑥_스러운 외출룩을 촬영하여 인스타그램과 유튜브에 업로드한 지 5개월이 넘어간다. 2023년 1월 29일부터 오늘까지 하루도 빠짐없이 지속하고 있다. 내가 생각해도 실행력은 갑이다.

그렇게 꾸준히 나의 콘텐츠를 만들어 가고 있어서일까? 나는 인스타그램 팔로우 20K, 유튜브 구독자 수 13K, 흔히들 말하는 인플루언서 유튜버가 되었다. 인스타그램 팔로워가 2만이고 유튜브 구독자가 늘었다 해서 과연 나의 삶이 달라졌을까. 물론 아니다. 하루아침에 스타가 되거나 영향력 있는 인플루언서가 된 건 아니다. 하지만 조금씩 달라지고 있다. 새로운 곳에서 협업 제안이 들어온다. 물론 협찬 모델로도 활동을 하게 되었다. SNS로 워킹 강의 요청도 들어온다. 그

전에는 상상도 할 수 없었던 일이다.

유튜브에 올린 영상의 조회수가 늘면서 유튜브 측에서 수익화 계좌를 등록하라는 메일을 받았다. 늘 농담으로 "유튜브 연금을 타고 싶다." 했던 말이 실제로 내게도 일어났다. 물론 지금은 소액이겠지만 앞으로 내가 꾸준히 한다면 어떻게 될지는 아무도 모른다.

얼마 전 케이스티파이라는 업체에서 인스타그램 디엠으로 협찬 제안이 들어왔다. 엄마의 인스타그램, 유튜브 활동을 응원은 하였으나 취미 활동으로만 생각했던 딸들이 더 놀랐다. 이곳은 아이돌, 연예인, 유명 인플루언서들한테만 협찬을 한다는 것이다. 그런데 50대 중반의 평범한 엄마한테? 그 후 딸들은 엄마의 인스타나 유튜브 활동을 적극적으로 응원해 주며 피드백해 주고 있다. 가끔 친구들한테 자랑도 한다고….

예전의 나는 카톡과 네이버만 쓸 줄 알았다. 그런 엄마가 어떻게 영상 편집을 배워 인스타나 유튜브를 하는지 놀랍다고 한다. 인스타그램, 유튜브에 올리는 영상의 기획, 촬영, 편집, 업로드까지 모두 나 스스로 한다. 이게 가능한 일이냐고? 물론 처음부터 가능하지는 않았다. 나도 사이트 예약이나 회원가입, 쇼핑까지 아이들에게 부탁하는 핑프였다. 핑프란 '핑거 프린세스' 또는 '핑거 프린스'의 준말로 '손가락이 공주님, 왕자님이라서 검색도 제대로 안 해 보고 질문하는 사람'을 뜻하는 인터넷 용어이다. 핑프였던 내게 영상 편집, 미디어, 퍼스널 브랜딩, 글쓰기는 정말 쉽지 않았다. 30초 영상을 만들기 위해 4

시간씩 붙들고 있었다. 할 짓이 아니라는 생각마저 들었다. 그렇다고 퀄리티가 높은 영상도 아니었다. 업로드하기 부끄러운 영상을 이렇게까지…. 회의와 좌절이 들 때마다 오기가 생겼다. 그날그날 수업에서 배운 것을 몇 날 며칠 연습했다. 실행해 보면서 내 것으로 만들었다. 결국 내 것으로 만드는 건 나 자신의 노력과 반복뿐이다.

반복하다 보니 빨라지고 쉬워지고 조금씩 나아지게 됐다. 처음엔 취미로 SNS를 하는 엄마를, 아내를 가족들은 대수롭지 않게 생각했지만 요즘엔 적극 응원해 주며 피드백까지 해 준다. 나의 짝꿍인 남편이 귀국하면 아주 가끔은 같이 릴스도 찍고 우리들의 이야기도 소소하게 담고 싶다. SNS는 내 삶의 소중한 기록이기도 하니까.

셀럽이면서 메가 인플루언서인 박막례 할머니를 다 알고 있을 것이다. 할머니도 70살에 SNS를 접하게 되면서 인생이 완전히 바뀌었다. 이분도 처음에 손녀딸이 할머니와의 추억 일상을 남기려고 시작한 것이라고 한다. 인스타그램은 대단하고 특별한 사람만 한다고 생각하는 일반적인 생각을 버리면 된다. 내 삶의 기록이 될 수도 있고 내가 가진 정보를 누군가에게 제공할 수도 있다. 그리고 내 가게와 내 사업을 홍보할 수도 있다. 그리고 이 안에서 마케팅도 하고 자기만의 인사이트를 구축할 수도 있다. 20년간 평범한 주부였던 내가 했으니 누구나 다 할 수 있다. 새로운 것에 도전하는 것을 두려워하지 않고 꾸준히 한다면 말이다.

어느 날 인스타를 좀 근사하고 멋지게 만들고 싶다는 생각이 들었다. 인스타로 검색하니 더뉴그레이라는 곳에서 시니어들에게 영상 편집을 가르쳐 준다 했다. 나는 어떠한 것을 배울 때 그 시간만큼은 반드시 비워 놓는다. 그래서 선택할 때도 신중한 편이다. 젊은 대표와 두 명의 직원이 더뉴그레이에 대해 토론하는 영상(50분짜리)을 새벽까지 두 번 돌려 보고서야 결심했다. 바로 여기다.

더뉴그레이는 패션과 영상을 기반으로 한다. 시니어로서의 삶을 어떻게 살아가야 하는지 함께 고민하고 공유하는 클럽 형태의 회사이다. 첫날 첫 시간 엄청 기대하고 떨리는 마음으로 갔다. 그런데 대뜸 삼각대부터 나눠 주더니 이제부터 스스로 사진 영상을 찍어야 한다고 했다. 뭐래는 거니? 장난하나! 이게 내 속마음이었다. 맞다. 더뉴그레이는 사진을 찍어 주거나 모델을 양성하는 곳이 아니다. 인스타를 대신해 주는 곳도 아니다. 스스로 할 수 있도록 가르쳐 주는 곳이다. 이곳에서 영상 편집을 배우기 시작하면서 나의 삶에 대한 태도, 생각들이 바뀌는 전환점이 되었다.

먼저 2023년 동안 내가 이루고 싶은 소소한 것들을 적어 보면서 한 해를 시작했다. 만다라트 계획표를 직접 손으로 하나하나 써 내려갔다. 실천할 수 있는 것은 습관으로 만들려 노력했다. 2023 만다라트는 60% 정도 지켜졌다고 스스로 평가한다. 물론 100% 지켜졌으면 좋았겠지만, 작년 한 해 동안에 열심히 나의 시간을 보낸 나 자신을 칭찬한다.

50 중반의 평범했던 주부가 SNS를 하는 경우는 주변에 많지 않다. 인스타그램과 유튜브를 꾸준히 업로드하면서 그 안에서 생산성 있는 무언가를 만들어내는 건 더더욱 쉽지 않다. 내가 처음 인스타를 하게 된 건 앞자리 나이가 바뀐 50살이었다. 코로나로 평온했던 일상이 뒤죽박죽되면서 세상의 문이 닫혀 버렸다. 그때 세상 밖으로 나가 배움을 시작했다. 50 이후, 즉 인생 후반전의 삶은 이전과 달라져야 한다는 생각을 늘 가지고 있었다. 나의 생각은 적중했다. 힘든 시기에 배움을 시작했지만, 그 끈을 놓지 않았다. 지금도 가장 잘한 일이라고 생각한다.

2020년부터 시니어 모델이 핫한 직업으로 떠오르기 시작했다. 액티브 시니어라는 새로운 단어가 나왔을 정도다. 인생 후반전 노년의

삶을 새롭게 만들어 가려는 시니어들이 대거 등장하게 된다. 나도 50살 10월에 그 열차에 올라탔다. 시니어로서의 삶을 미리 준비하게 된 계기였다.

시니어 모델 교육의 기초이며 기본은 워킹이다. 코로나 시국에 배우기 시작한 모든 것들이 나에게는 새로운 경험이었다. 새로운 세상으로 나오는 첫 계단이었다. 그때 모든 시니어 모델들이 인스타에 가입하고 인스타를 시작하는 계기가 된 것이다.

시니어 모델 교육 과정을 배우면서 나는 나름 신중했다. 일단 내가 잘하는 것과 좋아하는 것을 구분했다. 꾸준히 해야 할 것, 생산성 있는 일(직업)로 연결될 수 있는 것을 선별했다. 신체적 조건이 평범했던 나는 런웨이에 서는 모델보다는 워킹을 배워 본 적 없는 누군가에게 워킹을 가르치는 강사가 되는 길을 택했다. 워킹 지도자 과정을 수료하고 워킹 강사가 된 것이다. 요가 2, 3급 지도자로 활동한 것과 20년 가까이 꾸준히 한 운동도 큰 도움이 되었다. 내가 가진 장점을 충분히 살린 것이다. 워킹 지도자 과정을 수료하자마자 자격증에 잉크도 마르기 전에 워킹 강사로 일을 시작했다.

그 당시 나는 케이 모델 크루 최정은 교수님(국민 대학교 평생교육원 모델 연기 학과장)의 권유로 푸미에 지원해 푸미스트로 활동하고 있었다. 푸미스트는 중년 쇼핑몰 모델이다. 그때 푸미 대표님이 워킹 강사로 50+ 센터에 기관 추천으로 지원서를 넣어 주셨다. 얼떨결에 3곳에 합격하여 면접을 보고 워킹 강사로 활동을 시작했다. 물론 실력도 중요하고 경력도 중요하지만, 사람과의 관계도 중요하다는 걸 그때 알게 됐다. 내가 가진 유일한 무기는 진심, 내 선택에 최선을 다하고 책임지는 태도였다. 주변에서 나를 도와주고 같이 일하자고 하는 분들도 나의 그런 태도를 가장 장점으로 뽑아 주셨다.

나는 워킹 강사, 푸미스트뿐만 아니라 라이브 커머스 쇼호스트로도 활동하고 있다. 라이브 커머스 교육을 수료하고 그립, 네이버, 쿠팡 등에서 라이브 방송을 하면서 경력을 차근차근 쌓았다. 2023년에는 서울시 50+에서 소상공인과 자영업자를 위한 라이브 방송 쇼호스트로 일 년간 활동했다.

이렇게 쉬지 않고 무언가를 꾸준히 하면서 부족한 부분을 채워 갔다. 나의 경력도 조금씩 조금씩 쌓여 갔다. 처음엔 모든 것이 낯설고 모든 것이 힘들기만 했다. 유튜브로 계속 라이브 커머스에 대해 공부하면서 차에 타기만 하면 소리 내어 말을 뱉었다.

지금의 내 모습은 내가 한 선택이 누적된 결과물이고 꾸준함과 성실함의 결과물이다. 누적의 시간이 쌓이고 쌓여 이루어진 것이 성장이라는 모습이다. 내가 지금 힘든 시간을 보내고 있다면 그건 성장으로 가는 시간 터널이라 생각하자.

2. 쑥_스럽게,
나는 브랜드가 된다

문제는 퍼스널 브랜딩이었다. 도대체 내가 잘하는 게 뭐고 내가 꾸준히 즐기면서 할 수 있는 게 뭘까 찾는 것이 가장 힘들었다. 좋아하는 것과 잘하는 것은 다른 문제니까 주변 사람들의 이야기에 귀 기울여 보았다. 평소 나는 "옷을 참 잘 입어." "옷에 늘 디테일이 있어." "평범한 옷이지만 한 끗이 달라." "그 신발 어디 거야?" 이런 말들을 많이 들어 왔다. 더뉴그레이 대표님도 나에게 패션을 해 보라고 제안해 주셨다.

나는 패션을 전공하거나 의상을 공부한 사람이 아니다. 주변에서 옷을 잘 입는다는 말을 자주 듣는다고 해서 누가 나의 패션 콘텐츠를 알아봐 주는 사람이 있을까, 문제는 그거였다. 그래서 자라, H&M, 에잇세컨즈, 코스, And other stories 등 국내외 스파 브랜드의 옷이란 옷은 전부 입어 보기 시작했다. 매장이 한가해서 불편하지 않은 오전 시간을 선택했다. 내가 픽한 옷을 입어 보고 좁은 탈의실에서 영상을 찍었다. 처음엔 30분 이상 걸렸다. 나중에는 15분 안으로 줄일 수 있었다. 역시 반복이 최고다.

그때만 해도 중년 아줌마가 옷 입어 보는 콘텐츠는 없었다. 그래서 내가 시작한 거다. 나는 옷을 좋아하고 옷 입어 보기를 하는 사람이란 걸 알리기 위해서 8개월간 일주일에 두 번 이상 꾸준히 옷 입어 보기를 업로드했다. 서서히 반응이 오기 시작했다. 릴스 뷰 수가 30만 뷰 이상 나오면서 팔로워도 차츰 늘기 시작했다. 옷 입어 보기 콘텐츠가 중년들 사이에서 자리를 잡았다.

올해 2월부터는 내가 가지고 있는 옷으로 집에서 쑥스러운 외출룩을 인스타그램과 유튜브 쇼츠에 업로드했다. 그러면서 팔로워 수와 구독자가 빠르게 늘었다. 헤어 메이크업을 거의 하지 않는다. 필터나 앱을 사용하지도 않는다. 화려하거나 파격적인 의상을 입는 콘텐츠가 아니다. 나는 외출하기 20분 전쯤 삼각대를 세우고 옷을 입어보며 촬영한다. 지하철 안에서 편집하고 자기 전에 음성을 입혀서 영상을 완성한다. 그리고 정해진 시간에 업로드한다.

처음 반응은 너무 좋았다. 간혹 촌스럽다, 화장 좀 해라, 별로다, 개나 소나 유튜브 한다 등의 반응도 있었다. 그걸 두 달 이상 꾸준히 하니까 댓글이 달라졌다.

"꾸밈없이 현실적이고 누구나 따라 입어 볼 수 있는 룩이라서 좋아요."

"아침마다 영상 기다리고 있어요."

"옷 활용법을 알려 주니 좋은 정보가 돼요."

"쑥님처럼 나이 들고 싶어요. 운동법, 옷 코디하는 법 알려 주세요."

이렇게 댓글이 바뀌기 시작했다.

콘텐츠는 누구를 흉내 내거나 그럴싸한 모습을 포장하는 게 아니다. 내가 나다움으로 지속할 수 있는 것을 하는 게 정답이다. 나만이 가진 장점과 전문성을 콘텐츠로 브랜딩할 수 있어야 한다. 그러려면 나 자신에게 집중해야 한다. 자기 객관화가 정확해야 한다는 뜻이다.

3. 아름(나)답게 나만의 속도로 도전

"20년 뒤, 당신은 했던 일보다 하지 않았던 일 때문에 더 실망할 것이다. 그러니 밧줄을 풀고 안전한 항구를 떠나라 탐험하라, 꿈꾸라, 발견하라."

- 마크 트웨인

세상 밖으로 나와 쉼 없이 배우고 익히며 일을 하면서 나에게 부족한 부분들이 보였다. 그래서 다시 도전을 시작했다. 고려대학교 명강사 최고위 과정에서 새로운 배움을 이어 나가고 있다. 나는 전문가의 말을 잘 듣는 팔랑귀다. 누군가는 이걸 생각의 유연함이 있다고 표현하기도 한다. 누군가는 줏대가 없다고 했다. 하지만 나는 내가 모르는 분야니까 전문가의 의견을 수용해 이것저것 해 보기로 했다. 꾸준히 실행한 결과 지금의 모습이 된 것이다. 아직도 부족한 면이 있고 갈 길이 멀지만, 스스로 꾸준히 하면서 찾아가고 있는 여정에 있다.

더뉴그레이에서 9개월 과정을 마친 후, KB국민은행에서 주최하는 크리에이터 교육 과정을 수료했다. 사회 공헌 프로그램의 일환이기에 무상으로 교육을 받을 수 있다. 심층 면접을 통해 선발한다. 23명이 선발된 리브앤라이브 크리에이터 과정 교육 첫날 나는 깜짝 놀랐다. 수강생들이 전부 20~30대였다. 50대 중년은 나 혼자였다. 나의 아들, 딸, 동생뻘 되는 수강생들과 8주간 열심히 즐겁게 소통하면서 과정을 잘 마칠 수 있었다. 내게는 정말 소중하고 귀한 시간들이었다. MZ 세대들의 감각과 생각과 트렌드를 직접 보고 느낄 수 있었던 좋은 계기가 됐다. 나의 도전은 나만의 속도로 계속된다.

4. 지금은 부활(부업활동)의 시대

　자신만의 콘텐츠만 있다면 누구나 1인 크리에이터가 되고 브랜드가 되는 미디어 시대이다. SNS로 자신만의 콘텐츠를 브랜딩하여 홍보하고 그 안에서 생산성 있는 일들을 창출해낸다. 인스타상에서 새로 생긴 직업만 해도 1,000,000개가 넘는다. 옷 가게 사장님도 과일 가게 사장님도 카페 사장님도 모두 다 SNS로 홍보하고 자기 사업을 확장한다. 인스타로 회원을 모집하고 강의, 커뮤니티를 만든다. 그들만의 끈끈한 관계 형성도 이루어진다. 수많은 콘텐츠들이 이 안에 있다. 그러니 SNS 미디어 영상을 배우지 않고는 동시대성을 가져갈 수 없다. 시대에 뒤처지게 되는 것이다.

　이제 인스타그램이나 유튜브는 특정인이나 젊은 세대들만이 할 수 있는 특별한 영역이 아니다. 미디어 시대에서 항상 뒤처져 있던 시니어들도 적극 참여하여 그 수가 급증하고 있다. 시니어 인플루언서 그 랜플루언서라는 새로운 직업이 떠오르고 있다.

물론 SNS는 선택의 문제이기도 하다. SNS에서 타인의 삶과 비교하며 자괴감이 들기도 하고 SNS 중독으로 정상적인 생활을 못 하는 경우도 허다하다. 하지만 SNS를 효율적으로 지혜롭게 이용하면 가장 효과적인 내 삶의 도구가 될 수 있다.

미디어 안에서만큼은 성별, 나이, 그 어떤 차별도 없다. 그 부분이 굉장히 매력적이다. 자신만의 서사와 콘텐츠만 있다면 무한 성장이 가능하다. 인스타그램이나 유튜브를 하기에는 나이가 많다고 생각한다면 이제 생각을 바꿔야 한다. 시대가 달라지고 있다. 시니어 인플루언서 그랜플루언서의 시대가 시작된 것이다. 아직도 SNS를 쓸데없는 시간 낭비라고 생각한다면 다시 생각해 보길 바란다.

5. 몸태가 나이 태다, 몸태가 옷 태다

나는 이 두 말을 참 좋아한다. 나는 바른 몸 아름다운 워킹 강사다. 우리의 몸은 우리의 첫 번째 집이자, 영원한 동반자다. "몸태가 나이 태다."라는 말은 우리의 몸과 함께하는 삶의 여정을 의미한다. 스스로 나의 몸을 다시 발견하고, 새로운 자신을 만나는 여정의 시작이 될 것이다. 함께 모험을 떠나보자.

나이가 들면 주름이 깊어지고 흰머리가 생기고 감각이 둔해진다. 모든 것이 예전 같지 않다. 당연하다. 하지만 몸의 태는 나의 의지와 관리에 따라 바뀔 수 있다. 노화 속도를 늦출 수 있다. 내가 지난 3년간 워킹 강사로 200명 가까이 수강생들과 수업을 하면서 직접 보고 경험한 일들이다.

멀리서 나이 지긋한 두 명의 시니어들이 걸어온다고 상상을 해 보

자. 화려하게 화장을 하거나 한껏 치장을 했다고 젊어 보이지는 않는다. 아무리 옷을 고급스럽게 차려입고 멋스럽게 꾸며도 허리가 굽었거나 몸이 틀어져서 걸음 습관이 이상하다면 어떨까? 고급스러운 옷이 눈에 보이지 않는다. 몸의 태가 바르고 곧으면 어떤 옷을 입어도 태가 나는 건 당연하다. 옷이나 명품백보다 몸을 만드는 데 투자해야 하는 이유다. 바른 자세로 경쾌하게 가볍게 걸으며 몸의 밸런스와 태가 건강한 시니어가 훨씬 젊어 보이면서 눈길이 간다. 워킹의 본질은 단순히 걷는 활동이 아니라 우리 삶의 한 부분이다. 바른 몸 아름다운 워킹을 통해 우리의 삶을 변화시킬 수 있다.

우리는 100세 시대, 120세 시대를 맞이하면서 건강한 삶을 살기를 원한다. 하지만 대부분은 걷는 것을 단순한 활동으로만 생각한다. 걷는 방식이 우리의 몸과 마음에 어떤 영향을 미치는지 깊게 생각하지 않는다. 바른 자세와 걷는 방식은 우리의 체력, 근육, 그리고 심신에 긍정적인 작용을 한다. 또한 바른 워킹은 우리의 마음에도 큰 영향을 미친다. 올바른 자세를 유지하고 긍정적인 자세를 유지하는 것만으로도 우리의 삶이 얼마나 풍요로워지는지에 대해 공유하고 싶다. 걷는 것을 단순한 활동이 아니라 삶의 한 부분으로 이해한다면, 걸음을 통해 우리의 삶을 더욱 풍요롭게 만들어 나갈 수 있다.

우리 몸은 밸런스를 유지하는 것이 중요하다. 몸의 밸런스가 무너지면 걸음 습관에도 많은 문제가 나타난다. 바른 워킹은 우리의 의지와 노력만 있으면 언제든지 바꿀 수 있다. 마찬가지로, 우리의 불균형

한 밸런스도 개선할 수 있다. 그저 하고자 하는 의지만 있다면.

걸음 습관은 사소해 보이지만 우리의 건강에 큰 영향을 준다. 걸음 습관에 따라 신발의 밑창이 닳아 없어지는 모양이 달라진다. 신발 밑창을 보면 척추 또는 관절에 문제가 있는지 알 수 있다. 팔자걸음, 안짱걸음, 양쪽 발이 다른 비대칭 걸음 등 다양한 안 좋은 걸음 습관들이 있다. 그러므로 바른 걸음 습관을 익히는 것이 중요하다.

우리는 태어나 처음 걸을 때 바른 걸음을 배우며 걷기 시작하지 않았다. 돌 전후쯤 엉덩이를 들었다가 두 손을 떼고 한 발 한 발 내디뎠을 때 부모님의 환호를 들었을 뿐이다. 그게 나의 걸음 습관이 되었다고 봐도 무방하다. 그리고 환경적 요인에 의해 걸음이 바뀌어 왔다. 어릴 적 하루가 다르게 쑥쑥 크는 발 사이즈 때문에 큰 신발을 신어 본 적 누구나 다 있다. 신발이 크거나 너무 작을 때 걸음 습관이 바뀐다. 큰 사고나 질병으로 나의 몸 중 한 부분이 제 역할을 못 했을 때 나의 걸음이 결핍된 부분을 채우기 위해 바뀌기도 한다. 이렇게 한 번도 바른 워킹을 알려 준 사람도 없었고 누구도 다시 워킹을 배우려고도 하지 않았다.

이 나이에 다시 걸음마를 배우라고?

이 나이까지 내가 걷고 싶은 대로 걸었는데 이제 와서 걸음 습관을 바꾸라고? 이런 마인드면 바른 워킹을 배울 수 없다. 시니어 모델이 블루 오션을 넘어 레드 오션으로 붐을 일으킬 즈음 워킹에 대한 인식들이 바뀌기 시작했다. 광고에 장발의 흰머리를 휘날리며 카리스마 있게 워킹을 하던 김칠두 모델님을 본 사람들은 모두 그를 기억할 것이다. TV 프로그램에서 화려한 메이크업에 의상을 입은 시니어들이 10cm 이상 하이힐을 신고 워킹 하는 장면을 많이 봤을 것이다. 하지만 이는 상당히 위험하다. 상대적으로 무릎 관절이나 고관절 허리가 약한 시니어들은 하이힐을 신고 걷는다면 오히려 부작용이 올 수 있다.

워킹 지도자 과정 수료 후 나는 수업의 강좌명부터 바꿨다. '액티브 시니어 모델 워킹'에서 '바른 몸, 아름다운 워킹'으로 수정했다. 수강생들은 런웨이에 서는 패션 모델을 위해 워킹을 배우러 온 게 아니다. 처음 워킹을 배울 때 기본은 하이힐이 아닌 워킹화를 신고 하는 게 맞다. 몸의 좌우 밸런스와 바른 워킹을 몸에 익히는 게 먼저다. 그 후 자신의 몸을 자유롭게 컨트롤할 수 있을 때 비로소 테크닉을 배워야 한다는 생각이다.

2023년 2월 겨울의 끝, 아직도 날씨가 매섭게 추운 날이었다. 가평 상면 행정자치센터에서 수업을 하게 됐다. 첫 시간, 떨리는 마음으로 1시간 차를 달렸다. 수업이 이루어지는 강당에 들어갔다. 이럴 수가 한 분만 앉아 계셨다. 서울에선 강좌를 오픈하면 그날로 인원이 마감되는데 여기서는 거의 이 주 정도 모집을 했는데도 한 명이라니…. 당시 나는 서울시 50+ 세 군데에서 워킹 수업을 하고 있었다. 아직도 그때의 황당함을 잊을 수가 없다.

그 한 분과 대화를 하던 중에 세 분이 더 빼꼼히 문을 열고 들어오셨다. 추운 겨울 날씨다 보니 연세가 드신 분들은 바깥 외출을 잘 안 하는 환경적인 요인도 있었다. 게다가 서울과 달리 온라인에서 수강 생을 모집하는 게 아니었다. 각 마을마다 플랜카드를 걸어 홍보하고 수강생을 모집하는 시스템적인 문제도 있었다. 언제나 그렇듯, 1시간 동안 열심히 수업을 했다. 네 분이 첫날 등록을 하셨다. 첫날 네 명이 었던 수강생은 나중에 21명까지 늘었다. 서울과 가평을 일주일에 한 번씩 오가며 1년간 바른 몸, 아름다운 워킹 수업을 했다. 평균 나이 69 세, 그분들은 어떻게 됐을까?

가평 수강생

올해로 80세가 되신 그레이스 선생님은 나의 최고령 수강생이었 다. 세 번의 암 투병을 이겨 내시고 건강하게 바른 몸 아름다운 워킹 으로 팔자걸음까지 고치신 분이다. 주 1회 두 시간의 훈련으로 평생 습관으로 굳어진 걸음을 교정할 수 있음을 체험하신 분이기도 하다.

노원 50+센터 수강생

바른 몸, 아름다운 워킹 강좌를 3회 연속해 들으신 이수영 님은 강 좌가 열릴 때마다 자기 소개시간에 선생님 덕분에 팔자 고쳤다고 말 씀하신다. 이수영 님은 팔자걸음이 심한 편이었다. 센터의 특성상 6 주 프로그램인 강좌를 3회 연속 18주를 수강하시면서 일상 생활 속에 서도 많은 노력을 기울였다고 했다.

팔자걸음을 고친 이야기는 몸의 변화일 뿐이다. 자신 있게 당당하게 걸음을 걷는 시니어들은 자존감이 올라간다. 매사에 능동적으로 행동한다. 바른 몸, 아름다운 워킹을 위해 스스로 운동을 시작한다. 습관을 위해 꾸준히 교정을 하면서 삶을 능동적으로 채워 가는 놀라운 경험을 했다고 말씀하신다.

나의 워킹 수업을 들은 수강생들 모두 걸음 습관이 개선된 건 아니다. 나는 고작 일주일에 2시간 수업을 할 뿐이다. 수강생들이 수업에서 받은 코칭을 실생활에서 지속적으로 실천하느냐에 따라 달라진다. 그래서 워킹은 최소 1년 이상 꾸준히 해서 몸에 익혀 습관을 만드는 게 중요하다. 강사인 나도 꾸준히 워킹 수업을 받으며 바른 몸과 걸음 습관을 유지하려 노력한다.

변화의 가능성에 대해 이야기하자면 사람마다 기간과 의지의 차이가 있다. 하지만 워킹을 통한 몸의 변화는 반드시 가능하다. 변화를 원한다면 꾸준한 훈련과 노력이 필수적이며, 미뤄 둘 수 없다. 우리는 자신의 몸과 걸음을 개선하고 바꿀 수 있는 능력을 가지고 있다. 이를 위해서는 꾸준한 훈련을 통한 노력만이 이것을 가능케 한다.

바른 몸, 아름다운 워킹

몸이 올바른 자세인지와 올바르게 걷고 있는지를 체크하는 몇 가지 포인트가 있다.

1. 어깨와 엉덩이의 위치: 어깨와 엉덩이가 수평선을 이루고 있는지 확인한다. 몸이 틀어졌을 때는 어깨나 엉덩이가 비스듬히 기울어져 있는 경우가 많다.

2. 머리와 목의 위치: 머리와 목이 일직선으로 유지되어야 한다. 과도하게 앞으로 또는 뒤로 기울거나 측면으로 틀어져 있지 않아야 한다.

3. 발의 방향: 걷는 동안 발이 직진하고 있는지 확인한다. 발이 너무 안쪽으로 들어가거나 바깥쪽으로 틀어지면 걸음이 안정적이지 않을 수 있다.

4. 자세: 몸이 과도하게 앞으로 기울거나 뒤로 기울지 않도록 주의해야 한다. 등이 너무 앞으로 굽거나 뒤로 젖혀져 있지 않아야 한다.

5. 걸음 소리: 발이 땅에 닿을 때 발생하는 소리도 체크할 수 있다. 균형이 잘 잡힌 걷는 자세에서는 발이 땅에 부드럽게 닿아 소리가 크지 않고 부드럽다.

이러한 포인트를 주의 깊게 살펴보면 올바른 자세로 걷고 있는지 아닌지를 파악할 수 있다. 만약 불편한 부분이 있다면 교정하여 올바른 걸음으로 습관을 만들어 나가는 것이 중요하다.

바른 몸 아름다운 워킹은 우리가 걷는 모습에서 나오는 자연스러운 아름다움을 강조한다. 이는 테크닉적인 측면이 아닌, 우리의 몸을 올바르게 지탱하고 지지하는 자세와 자연스러운 걸음으로 표현된다. 이것은 우리가 걷는 모습에서 나오는 자신감과 아름다움을 강조하는 것이다.

바른 몸 아름다운 워킹은 다양한 요소들을 포함하고 있지만, 궁극적인 최종 목표는 바른 몸으로 아름답게 걷는 것이다.

1. 바른 자세

바른 몸 아름다운 워킹의 첫 번째 요소는 바른 자세다. 올바른 자세를 유지하는 것은 우리의 몸을 올바르게 지탱하고 지지하는 데에 중요한 역할을 한다. 이는 몸의 균형을 유지하고 근육을 올바르게 사용하여 우리의 걷는 모습을 아름답게 만든다.

2. 자연스러운 걸음

바른 몸 아름다운 워킹은 자연스러운 걸음을 지향한다. 우리의 걷는 모습은 우리의 감정과 자세를 반영하며, 자연스러운 걸음은 우리

의 몸과 마음이 조화를 이루고 있는 형태이며, 우리의 걷는 모습에서
나오는 자신감과 아름다움으로 표현된다.

3. 포즈와 턴

워킹을 더욱 다이나믹하고 아름답게 만들어 주는 요소라고 할 수
있다. 우리의 몸을 더욱 유연하게 만들어 주고 우아한 움직임을 추가
한다. 그러나 이러한 요소들은 바른 자세와 자연스러운 걸음의 기본
적인 원칙 위에 구축되어야 한다.

남다른 나만의 바른 몸, 아름다운 워킹 수업을 만들다

모든 강좌가 그렇듯 재미없고 지루하면 그 수업은 꽝이다. 처음 기
본 스텝을 할 때는 반복이 지루하고 따분하다. 그래서 나는 수업 중
간중간 사진 영상 찍는 시간과 요즘 SNS에서 유행하는 릴스 챌린지
에 나오는 댄스도 함께했다. 처음엔 쑥스러워하시더니 나중에는 너
무 적극적으로 즐기시는 모습이었다. 이것 또한 나의 바른 몸, 아름다
운 워킹에서만 볼 수 있는 수업의 커리큘럼이다. 이처럼 나는 런웨이
를 걷는 화려하고 테크닉 있는 워킹이 아니라 실생활에서 꼭 필요하
고 평생 내가 가져가야 할 바른 몸, 아름다운 워킹을 공유하는 강사가
되었다.

나의 바른 몸, 아름다운 워킹 수업은 수강생들의 니즈에 맞춰 내가
새롭게 만들어 낸 것이다. 지루하지 않고, 즐기면서 워킹 습관을 바꾸

는 수업이다. 선 칭찬 후 교정은 또한 나만의 티칭 스킬이다. 우리의 작은 습관들은 66일 정도 꾸준히 하면 차츰 바뀌기 시작한다.

일주일에 1회 2시간 수업을 한다고 해서 절대 바뀌지 않는다. 매일 매일 꾸준히 내 일상에서 수업에서 배운 것들을 적용해 나간다면 바른 몸, 아름다운 워킹만으로 걸음 습관을 교정할 수 있다. 이 세상에서 우리의 몸을 컨트롤할 수 있는 사람은 오직 우리 자신뿐이다. 변화의 주인공은 바로 우리 자신이다. 우리가 원하는 변화를 이루기 위해 끊임없이 노력해야 한다.

1. 자기 몸을 컨트롤하는 힘

우리는 자신의 몸을 움직이고 조절하는 힘을 가지고 있다. 우리가 가진 몸의 능력과 한계를 인식하며, 그 한계를 넘어 변화를 가져오기 위해 노력하는 것이 중요하다. 워킹은 우리의 몸을 활용하여 건강하고 행복한 삶을 살아가기 위한 방법 중 하나다.

2. 속도의 차이

모든 사람은 변화의 속도가 다를 수 있다. 그러나 중요한 것은 변화의 속도가 아니다. 변화의 방향과 목표다. 각자의 속도와 방식으로 변화를 이루고, 중요한 것은 꾸준한 노력과 성실함이다. 누구나 변화의 주인공이 될 수 있다.

3. 꾸준한 노력의 중요성

변화를 이루는 것은 쉽지 않을 수 있다. 그러나 꾸준한 노력과 성실함이 변화를 실현하는 핵심이다. 변화를 원한다면 우리는 일정한 계획과 목표를 설정하고 꾸준히 노력해야 한다. 변화는 오직 성실하게 노력하는 사람들에게만 주어지는 것이다. 그 과정에서 우리는 새로운 가능성과 희망을 발견할 수 있다.

바른 몸, 아름다운 워킹 수업은 뭘까

바른 몸, 아름다운 워킹 수업은 수강생들의 만족도가 높다. 그 효과가 입증된 프로그램으로 자리매김하고 있다. 이 프로그램은 만족도 조사에서도 높은 점수를 받아왔다. 수강생들이 재수강을 원하며 계속해서 수강하고 싶어 하는 인기 프로그램 중 하나다.

이 강좌는 단순히 워킹 기술을 가르치는 것을 넘어서, 수강생들의 삶에 긍정적인 변화를 가져다주고 있다. 일부 수강생은 이 강의를 통해 시니어 모델로 활동 영역을 넓히고 있다. 자신의 전문 분야로 발전시키기도 한다. 그러나 이 강의의 가장 큰 효과는 바로 자신감의 회복과 긍정적인 삶의 변화에 있다.

현재 전 세계적으로 노년층이 건강하고 아름다운 삶을 추구하는 데에 관심이 증가하고 있다. 이에 따라 우리나라에서도 시니어 모델 활동이 빠르게 성장하고 있는데, 이는 새로운 시니어 모델들이 건강한 삶을 추구하며 새로운 도전을 하고자 하는 데에서 비롯된다. 그 이유는 시니어들이 더욱 건강하고 활기찬 삶을 살아가고자 하며, 그들의 경험과 아름다움을 세상과 공유하고 싶어 하기 때문이다.

워킹 수업은 시니어 모델 교육의 첫 걸음으로 자리 잡고 있다. 패션쇼 런웨이에 서든 안 서든, 시니어 모델들은 워킹 수업을 통해 자신의 자세와 걸음을 개선하고 아름다운 워킹을 실현한다. 여기서 말하는 바른 몸 아름다운 워킹은 모든 사람들이 일상에서 실제로 걷는 모습을 의미한다.

바른 몸, 아름다운 워킹 수업은 바른 몸으로 아름답게 걷는 것을 목표로 삼고 있다. 이를 통해 우리는 우리의 걷는 모습에서 나오는 자신감과 아름다움을 향상시키고, 건강하고 행복한 삶을 실현할 수 있다.

바른 몸, 아름다운 워킹을 수료하는 마지막 시간에는 항상 미니 패션쇼가 열린다. 이는 우리가 지금껏 배운 바른 몸 아름다운 워킹을 마음껏 뽐내는 시간이다. 자신의 스킬과 노력을 자랑하는 소중한 시간이다. 인간은 누구나 자신을 드러내기를 원한다. 그래서 우리는 멋스러운 옷을 입고 아름다운 메이크업을 한다. 미니 패션쇼를 통해 우리의 노력과 스킬을 뽐낸다. 이러한 활동은 모든 강좌에서 중요한 부분이다. 특히 바른 몸, 아름다운 워킹에서는 더욱 그렇다. 미니 패션쇼는 이를 통해 즐거움과 만족감을 동시에 느낄 수 있도록 도와준다.

시니어뿐 아니라 남녀노소 누구나 바른 몸 아름다운 워킹은 꼭 필요하다. 어린 학생들은 금세 습관을 형성하고 바른 걷기를 습득할 수 있다. 하지만 시니어들은 오랜 기간 동안 몸에 익은 나쁜 습관을 바꾸는 것이 어려울 수 있다. 그러나 이 강의를 통해 수강생들은 자신의 몸에 밴 나쁜 습관을 바꾸고 새로운 긍정적인 습관을 형성할 수 있다.

6.쑥스러운 나의 무기는?

　나는 착한 사람보다는 바른 사람이 되기로 했다. 요즘 시대는 착한 것이 호구로 통한다. 맞는 말이다. 언제부턴가 우리 사회에서 착하다는 건 불합리한 상황에도 순응하고 거절을 못 한다는 의미로 통용되고 있다. 그게 싫어서 누군가 나한테 "참 착해."라고 말하면, "저는 착한 사람이 아니에요, 바른 사람이지."라고 말하곤 했다. 그렇게 말하면서 정말 나는 착한 사람이기보다 바른 사람이 되려고 노력했다.

　또 나는 타고난 재능이 있어 한 번에 해내는 사람이 아니다. 내가 선택한 것에 책임을 지고 한 번 더 해 보는 사람이다. 모든 일들이 열심히 한다고 해서 다 성과를 내거나 잘되진 않는다. 하지만 진심을 다해 해 본 사람만이 그 일을 놓아 줄 수 있다. 그리고 새로운 일을 다시 찾을 수 있다. 최선을 다해 열심히 해 봤으니 후회 또한 덜하다. 무언가 생각만 하고 실행에 옮기지 못하고 있다면 해 보자. 우리 삶의 끝에서 후회 없도록….

삶의 목표를 거창하게 잡지 않는다. 그때그때 배움을 선택하고 그 배움에서 조금씩 넓혀 간다. 배우고 도전하는 그 시간만큼은 후회 없을 만큼 열심히 해 본다. 그럼에도 안 되면 '아님 말고' 생각한다. 후회 없을 만큼 최선을 다했기 때문에 실망이 크지 않다. 설사 그 일을 못 해냈더라도 다른 걸 선택할 수 있는 또 다른 용기가 생긴다.

그렇게 나의 시간들을 쌓아가고 있다. 거창하고 대단하지 않아도 온전히 나의 시간들이다. 그래서일까? 언제부턴가 내 시간들이 귀하고 그 시간들을 그냥 흘려 보내지 않는다.

앞으로 많은 날들이 있겠지만 지금의 나에 집중하고 싶다.

아무것도 하지 않으면 아무 일도 일어나지 않는다.

CHAPTER 3

리쿠르팅.
美親女(미친녀)는 많다

| 김은주 |

우리가 지켜야 하는 건 되면 좋고 안 되면 말고 하는 요행이 아니라
우리가 아끼고 사랑하는 것들을 지키기 위한 사전 준비 자세이다.

KOREA UNIVERSITY INSTITU

학력 및 경력 사항

- 현)교보생명 의정부지원단 녹양지점 소장
- 10년째 교보생명 팀 등급 S등급 유지
- 2016년 녹양지점분할 이후 최근 22년도 21명, 23년도 19명 위촉
- 대진대 CEO 과정 34기 수료
- 고려대 명강사 최고위과정 19기 교육위원장

FOR CONTINUING EDUCATION

수상 경력

- 3년 연속 교보생명 소장부문 수상
- 24년 고객보장대상 소장 다이아몬드 수상
- 23년 고객보장대상 소장 다이아몬드 수상
- 22년 고객보장대상 소장 사파이어 수상

저서

- 고려대 명강사 25시(공저)
  - 리쿠르팅. 美親女(미친녀)는 많다

1. 미친녀와 첫 만남

나는 대학 졸업 후 바로 결혼을 하였고, 한참 시간이 지난 2003년 7월 알바나 해 볼까 하는 마음으로 스물여섯 나이에 교보생명에 입사하게 되었다.

2012년 6월 직접 도입 5명을 하고 첫 소장(팀장)이 되었다. 당시 계성원(교보생명 연수원)에 첫 소장 교육을 갔을 때, 강사의 첫 마디가 12년이 지난 지금도 기억이 또렷하다.

곱슬머리를 하고는 웃으며 경상도 사투리로 "소장님들 주변에 미친년들 많지요…."

느닷없는 강사의 말에 무슨 의도일까 하면서 턱없이 웃고 있었는데, 강사는 같이 일해보자고 리쿠르팅해 온 팀원들의 각양각색 스타일에 지치고 힘들어하는 신임 팀장들의 마음을 위로하기 위한 표현이었다고 설명했다.

　미친년! 당시 나의 경험과 역량으로는 내가 미친년인지 팀원들이 미친년인지는 알 수 없었으나 어쨌든 신임 소장으로 위임이 되면 겪는 리더십과 소통의 어려움은 피할 수 없었다.

2. 리쿠르팅이냐 팀 양성이냐?

보험업계 소장, 혹은 팀장들의 주 업무는 리쿠르팅과 팀 양성이다. 닭이 먼저인지 계란이 먼저인지 우선순위를 가늠하기 어렵지만, 굳이 우선순위를 가린다면 난 일단 팀 양성이 먼저라고 생각한다.

팀 증원, 즉 리쿠르팅을 오랜 시간 혼자서 한다는 것은 절대 쉬운 일이 아니다. 우물이 마르지 않도록 혼자서 우물 파기란 쉽지 않다. 매달 끊임없이 신규 인력을 직도입 하기란 정말 어렵기 때문이다.

한 명의 팀원이 또 한 명을 증원시키고, 둘이서 합심하여 인원을 늘려가는 방식으로 해야 한다는 것은 알지만, 팀원이 살아남았을 때 가능한 일 아닌가? 불씨를 살리고 지켜줄 한 명부터 유지하는 것이 중요하다. 하지만 처음부터 될성부른 떡잎은 많지 않다.

3. 내가 알고 있는 팀 양성 노하우 (Know-how)

리쿠르팅을 해 놓고 보면 팀원들은 각양각색이다. 천편일률적으로 동일한 방법으로 양성할 수 없다. 각자 개성과 특성에 맞게 양성해야 한다. 사례를 들어본다.

첫 번째, 기본적으로 이해도가 높고 영특한 팀원이 있다.

한번 가르쳐 준 것을 빨리 습득하고 상황에 맞게 변형시키고 활용을 잘한다. 젊은 팀원들이 이런 경우가 많다. 자신의 장점을 알고 잘 성장하면 좋겠지만 어떤 이는 자만심에 넘어지는 경우도 있다. 조금 알고 있는 얄팍한 보험 지식과 경험으로 마치 다 알고 있는 것처럼 자만하는 사람도 많다.

이런 자만심은 꾸준함을 방해하고 오히려 의욕을 저하시키기도 한다. 그래서 나는 이러한 성향을 보이는 팀원들에게 막연한 칭찬을 하지 않는다. 잘한다 잘한다 식의 칭찬은 우쭐해지기 쉽고 다른 부족한 것들을 채워 나가야 한다는 의식을 못 하게 한다.

자신감 높은 젊은 층이 많아서 그런지 실패를 하더라도 그것을 통해 배우려는 생각보다는 그 원인을 본인이 아닌 밖에서만 찾으려 하며 자기 합리화 경향이 높다. DB가 좋지 않다든지, 팀장을 잘못 만났다든지, 아침부터 지점장 조회가 기분을 망치게 해서 일이 안 된다든지 자신이 아닌 외부에서 그 이유를 찾으려는 경우를 너무 많이 보았다.

그래서 이런 팀원들에게는 책임감을 심어 주려고 노력하였다. 본인의 업무 성향에 자신감을 갖게 하여 팀 내 존재감을 만들어 주려고 노력하였다.

습득력이 떨어지는 팀원들 중 세일즈 업무 성향이 비슷해 보이는 팀원과 협업할 수 있게 짝을 지어 주기도 한다. 서로의 장점을 강조해 주고 본받아야 할 부분을 얘기해 준다. 그러면 도움을 받아야 하는 팀원은 상대를 존중하고 의지하며 반대로 도움을 준 팀원은 신입에게 창피를 당하지 않으려고 본인의 얄팍함이나 게으름을 숨기고 그럴듯한 선배, 본받을 만한 좋은 선배로 있으려고 더 분발하는 경우를 보았다. 또한 책임감을 가지고 함께 조직 내에서 포지션을 맡게 되면 소속감이 높아지고 '함께'라는 공동체 의식이 강해지기도 한다.

자칫 초임 팀장들의 경우 열정이 앞서서 신입 양성이 본인의 일이므로 누군가에게 도움을 청하고 협업을 하면 자신의 일에서 해태하는 것이라고 생각할 수 있다.

팀장이라고 해서 팀원 전체를 모두 책임지려는 건 위험하다. 팀장 본인도 본인의 장점과 단점을 파악해서 팀원들에게 업무 분담을 잘 할 수 있게 도와야 한다. 그래서 각자 조직 내에서 자신의 포지션을 지키며 한 명 한 명 개인이 아닌 하나의 팀으로 움직일 수 있게 해야 한다.

두 번째, 엄청 성실하기만 한 경우가 있다.

저렇게 성실하면 꼭 되겠지 싶지만 꾸준하기만 하고 배운 것을 터득해서 자신에게 맞는 활용 방법을 찾지 못해 성과가 나오질 않는다. 이런 팀원의 경우 자존감이 낮아지기 쉽다.

자존감이 낮아 자신감이 떨어지는 것을 "더디지만 가늘고 길게 꾸준히!"라고 하면서 '열심히'라는 말 뒤에 숨는 경우도 더러 있지만 본인의 노력에 비해 성과가 더딜 때 누구나 지치고 힘들어한다.

문제는 왜 본인이 성과가 나지 않는지 빨리 알아채지 못한다는 것이다. 어느 부분에 방향성이 문제가 되어 체결률이 떨어지는 건지, 고객이 왜 결정을 미루는지 그 원인을 알지 못하여 문제 해결 능력도 떨어지는 경우가 많다.

더군다나 낮은 습득력으로 본인 스스로 답답하여 계속 다녀야 하는지 말아야 하는지 확신이 없고 속상하여 주변 팀원들에게 투덜대기도 한다. 이는 전체적으로 부정적 영향을 주게 된다. 다른 동료들에게 안 좋은 영향을 주고 본인도 마음을 잘 잡지 못한다. 이런 부류의 팀원들에게는 약간의 자극을 계속 주어야 한다.

인간은 사회적 동물이고 유유상종이라서 누구나 적당히 본인과 비슷한 수준의 사람, 즉 끼리끼리 어울리게 된다.

나는 팀원 중 한 사람이 잘했을 때 그 한 사람만 칭찬한다. 연민에 이끌려 성과를 평등하게 분배하지 않는다. 팀장들 중 간혹 일을 잘 못하는 팀원이 자괴감에 빠질까 봐 우려해서 일 잘하는 팀원의 성과를 충분히 챙겨주지 못하는 경우가 있다.

'나는 못해서 속상한데, 남들은 잘만 하는구나. 상대적 박탈감이 든다.'라고 패배 의식을 가지게 될까 봐 챙기게 된다. 나도 초임 시절에는 잘하는 팀원은 적당히 칭찬해주고, 성과가 낮아 힘들어하는 팀원들을 끌어올리기 위해 더 마음을 쓰기도 했다. 팀 내의 밸런스를 맞추고 싶은 마음도 있었다. 또한 리쿠르팅 할 때는 같이 잘해보자고 보험 세일즈를 잘할 수 있게 도와주겠다고 해 놓고 상대가 어려워하는 것을 보면 꼭 나의 역량 부족이고 내 탓인 것만 같아서 뒤처지는 팀원들을 더 챙기려는 마음도 있었다. 하지만 여러 차례 경험으로 알게 된 것은 목표 기준을 상향시켜야 한다는 것이다.

못하는 것이 절대로 기준이 되어서는 안 된다. 잘한 것은 충분히 광고하듯이 떠들어 나팔수 노릇을 해 주고 성공의 경험은 충분히 누리게 해 주어야 한다. 때론 성공의 경험이 부족한 팀원의 경우 이번 성공이 계속되지 못해서 다음에도 그만큼 못할 것을 걱정해 겸손처럼 자기 칭찬에 인색하거나 주변 팀원들의 시기를 받을까 걱정하지만, 나는 한 번의 성공 경험을 높이 인정해준다. 설령 다음에 또 잘할 수

없더라도 이것이 자신의 세일즈 클래스를 올리는 데 시발점이 된 것을 이야기하고 공감시켜준다. 그렇게 해 주고 나면 어쩌다 한번 크게 잘한 기억이지만 그 성공을 계속 누리기 위해 자신을 계속 다그치며 더욱 채찍질하게 된다.

습득력이 떨어져서 불만 있던 팀원은 두 가지 양상을 보인다. 계속 투덜대며 도태되어 떨어져 나가는 경우와 진심 반 과장 반으로 시기심을 숨기고 축하해 주는 척하면서 다른 사람의 성공 노하우를 들으려 하고 자신도 주목받기 위해 자신의 방식을 찾거나 서서히 목표를 세우고 움직이기 시작하는 경우다.

이제 나는 팀원들끼리 너무 좋은 사이로 지내는 것을 별로 좋아하지 않는다. 앉으면 눕고 싶고 누우면 자고 싶은 게 사람인지라 똘똘 뭉친다는 것은 일이 잘될 때는 상관없지만 일이 잘 안 풀릴 때면, 특히 그들 중 주도적인 팀원이 일이 잘 안 풀릴 경우, 다 같이 못해서 나만 못하는 상황을 피하려고 작당을 하기 때문이다. 업무 능력이 떨어지는 팀원들이 상처 아닌 상처와 상실감을 받을 수도 있지만 이제는 그것을 두려워하지 않는다. 적당한 자극과 일에 대한 경쟁심, 이런 것들은 흐르는 물처럼 순리에 따라 새로운 것들을 찾고 방법을 모색하게 만들고 팀을 윤활유처럼 움직이게 할 수 있다.

모두에게 잘 보이고 싶고 맹목적으로 잘해주려는 팀장은 좋은 사람은 될 수 있지만 좋은 팀장은 될 수 없다는 생각이 시간이 지날수록 확고해졌다.

4. 미친녀(美親女, 아름답고 친근한 여자)를 만드는 방법

팀원들은 40년 넘게 각자의 인생을 살아왔다. 단순히 한 공간에서 일한다고 한마음이 된다는 것은 결코 쉬운 일이 아니다. 지난 12년간 나는 각양각색의 미친녀들을 만났었다. 그 속에서 퇴사할 사람들은 퇴사하고, 남은 사람들은 계속 남아서 같은 목표로 지금도 일을 하고 있다.

2013년 4월, 지점을 새로 만들어 분할을 했고, 22년에는 21명, 23년에는 총 19명을 리쿠르팅 하였다. 이후 세 명의 매니저를 배출시킨 후 3년째 연달아 교보생명 고객만족대상을 획득했다.

소장 부문 21년 사파이어 1회, 22년과 23년 다이아몬드 2회를 달성하며 리쿠르팅과 양성 부분에서 인정받고 있다. 이렇게 되기까지 많은 시행착오들이 있었지만 결국 내린 결론은 모든 것의 기준은 '내(소

장 또는 팀장)'가 되어야 한다는 것이었다.

상황은 많다. 변수도 많다. 어떠한 일이 벌어지면 각자 자신의 상황들로만 생각하게 된다. 그런 상황이 닥칠 때마다 심지가 흔들린다면 현명해질 수 없다. 일에 있어 언제나 그 중심에는 내가 있다. 상대적이기 때문에 누군가는 속상하고 또 누군가는 설령 이해를 한다고 하더라도 기분은 상하기 마련이다. 거기에 군중심리까지 더해져 비슷한 팀원들끼리 삼삼오오 모이면 갈등이 커지고 감정이 우선되어 문제만 돋보이게 된다. 문제는 문제가 아니라 문제를 해결하는 방법이 우선이 되어야 하는데, 발생한 문제만 계속 곱씹게 되는 경우가 허다하다. 그래서 나는 편을 들지 않는다.

상황 판단을 위한 정보수집 정도로만 듣는다. 그리고 굳이 화해시키려 애쓰지도 않는다. 애써 중립이라 생각하고 화해시키려 노력했지만 듣는 사람은 자신의 편을 들어주지 않는다고 받아들일 수도 있기 때문이다. 나도 사람인지라 호의적인 사람한테 휩쓸릴 수도 있고, 냉정하게 상황 판단을 못 할 때도 있다고 생각하기 때문에 나를 기준으로 삼으려 할 땐 스스로 나를 위한 자체 기준을 잡아놓는다.

내 마음속에 나는 컴퍼스의 기둥이다. 예를 들어 나를 중심으로 어느 정도 마음의 둥그런 원을 그려놓는다.

그 원을 기준으로 팀원들 성향마다 내가 그린 원 안쪽으로 더 들어오는 팀원들이 있고, 원 바깥쪽 가까이에서 나와 적정의 거리를 유지하며 마음을 소통하려는 팀원들도 있다. 또 어떤 이는 내가 그려 놓은 마음의 원에서 멀리 떨어져 팀에 대한 애착이나 붙임성 없이 그저

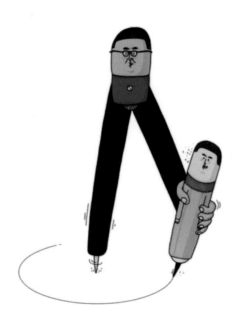

입사해서 들어왔으니 적당히 일이나 해서 필요한 거나 얻어야겠다는 방관자적 성향을 보이기도 한다. 나를 기준으로 두고 다가오는 표현의 거리만큼 상대적으로 대하면 각자 다르다는 개념으로 상대를 이해하게 되는 상황들이 생긴다. 그럼 나와 다른 생각, 나와 다른 표현, 나와 다른 방법들이 부딪치더라도 이해하기가 쉽다. 대신 나를 기준으로 삼을 때 나 혼자만 나를 인정해서는 안 된다.

나는 표현은 달리했을지라도 팀원들에게 깊은 애착을 갖고 있으며, 팀원들이 나의 역량을 필요로 할 때 최선의 결과를 내주기 위해 나 스스로를 갈고닦았다. 이런저런 보험 관련 강의를 모두 찾아다니고 업무상 필요한 지식이나 트렌드를 따라가려고 학습했고, 인문학 강의나 책도 보고 듣고 읽으면서 팀원들을 다양한 각도에서 다독일 수 있는 방법들을 연구했다.

또한 계약 청약 활동에서도 손 놓지 않고 법인 대표들을 상대로 법인계약, 경정청구, 웰스매니저 활동들을 하면서 팀원들이 시장을 넓혀갈 수 있도록 나만의 노하우를 전수하려고 애썼다. 업무적인 부분에서 팀원들의 인정을 충분히 받아야 다른 부분에 대한 공감에도 힘을 실을 수가 있다. 또한 리쿠르팅을 하다 보면 여러 회사 팀장이나 고객들로부터 바이럴이 되어 지인 소개 등이 이어지기도 했다. 나도 모르는 사이 나의 활동이 입소문을 탈 수 있기 때문에 평소 나에 대한 평판에 귀 기울이고 상대에게 호감을 주기 위한 이미지 메이킹도 게을리하지 않았다.

5. 내 경험치의 리쿠르팅 화법

리쿠르팅을 할 때는 거절 처리를 많이 하게 된다. 그런데 일관적이고 일반적인 거절 처리는 설득에 많은 실패를 가져오게 된다. 한 명의 리쿠르팅 실패로 끝나지 않고, 후보자를 소개해준 팀원 또는 지인에게 지속적인 추천을 받기 어려워진다. 기껏 소개해줘 봤자 팀장인 내가 실력이 없어서 못 하는 거라고 여길 수도 있고, 또는 보험설계사 일이 아무나 하는 일이 아니라거나, 남들이 꺼리기 때문에 추천하는 것이 잘못된 일이라고 여길 수도 있기 때문이다. 타인의 의중을 읽어서 내가 원하는 방향으로 이끌거나, 막연한 보험 영업의 두려움을 설렘으로 둔갑시키는 일은 절대로 쉽지 않다.

나는 말재간이 뛰어나거나 감정 대처 능력이 뛰어나진 않다. 교보생명에서만 21년을 일해 다른 조직의 다양한 사회적 감정적 상황들에 대한 적절한 대응이나 표현 방법을 알지 못했고, 나 스스로 감정 표현에 자신감이 없었다. 그래서 심리 관련 책들이나 영상들을 많이 보았다. 일단 적을 알고 나를 알아야 백전백승이라지 않은가.

백전백승을 바라지 않더라도 리쿠르팅을 할 때 설득을 할 적당한 부분을 찾아서 얘기라도 잘하고 싶었기 때문이다. 그래서 사전에 머릿속에 떠오르는 말들을 정리하기 시작했다. 상대마다 다른 포인트들에 대한 인식 속도가 늦다 보니 상황별로 적어서 RP 연습하듯이 대본을 짜고, 거울 앞에서 녹음을 해서 표정, 발음, 이야기 순서 등을 정리하기 시작했다. 그러다 보니 좀 더 창의적으로 표현하는 방법을 터득한 것 같다.

나만의 리쿠르팅 화법

1) 꿈-중년 여성의 현실 상황을 인식시켜라

저학년 아이들에게 "넌 꿈이 뭐니?"라고 물어보면 아이들은 의사, 판사, 군인, 간호사 등 직업을 얘기한다. 중고등 고학년 아이들은 하고 싶은 직업을 정하지 못했을 때 하고 싶은 게 딱히 없다는 말을 한다.

"지금 중년의 우리에게 꿈은 어떤 의미일까요?"

"아직도 직업의 종류로 꿈을 찾을 수 있나요?"

"꿈이 뭐예요?"

이런 질문을 받으면 그저 식구들 안 아픈 거, 자녀들 공부 잘하는 거, 돈 걱정 안 하는 거 등등 걱정 없고 안락한 생활을 꿈이라고 바라는 것 같다.

그런데 이 안락함은 결국 자기 입장에 어울리는 행동을 할 때 유지가 되는 것 같다. 즉, 내 입장에서 본다면 나이 들어가시는 부모님 부양과 챙겨줘야 할 게 많은 자녀들을 양육해야 하는데 이 시기에는 돈이 꽤 필요하다. 부모 노릇, 자식 노릇에도 이제는 정성 어린 손편지보다 두툼한 용돈 봉투가 더 필요하다. 실질적인 도움이 중요하다. 그런데 40~50대에 돈 벌겠다고 다양한 직업의 선택을 할 수 있는 여건인가 하면 그렇지도 않다. 젊어서는 우리가 하고 싶은 일을 골라서 했다 해도 점점 나이가 들어갈수록 선택의 폭은 좁아지게 마련이다.

2) 보험의 중요성과 가치를 부각하라

보험이란 무엇일까? 보험의 본질은 돈이라고 생각한다. 내 자산을 안전하게 지키려 보험을 드는 것이다. 보험 가입의 대부분은 고액 상품을 대상으로 한다. 예를 들어 얘기하자면 자동차에 보험을 드는 것은 자동차가 고액 상품이다 보니 보험을 드는 것이다. 보험은 위험 회피를 위한 방법 중에 가장 효율적인 방법이라 할 수 있다.

사실은 암도 걸리는 것 자체가 무서운 게 아니라 암에 걸려서 예기치 못했던 치료비가 갑자기 들게 되고 실직해서 돈을 못 버는 게 무서운 거다. 그런데 만약에 1년 뒤에 내가 암에 걸릴 걸 미리 안다면 어떻게 하겠는가? 우리나라 보험 회사별로 모든 암보험을 가입해 두려 할 것이다. 그래서 진단자금 몇 억 받아서 우리나라 최고의 의료진을 준비하려 할 것이다. 암도 3, 4기가 되어야 무섭지 초기에는 대부분 치료에 큰 문제가 없다. 예측 불가능할 때 위험한 거지 우리가 예측 가능하다면 위험할 게 없다. 그런데 우리가 신이 아닌 다음에야 미래에 닥칠 일들을 다 알 수는 없는 일이다.

알 수 없는 위험 비용의 지출을 예측 가능한 기회비용이 되도록 바꾸는 게 보험이다. 그런 보험을 권유하는 것이 왜 싫은가? 필요하다는 건 알지만 이런 개념을 잘 모르니까 권유할 자신이 없는 거다. 그래서 우리는 이렇게 중요한 역할을 하는 보험에 대해 깊이 있게 공부하고 설계사 시험을 보는 등, 다양한 각도에서의 위험을 미리 예측해서 고객들이 사고 발생 전 준비할 수 있도록 안내해 주고 있는 것이다. 당신이 어떤 경우에도 대처할 수 있는 자산과 능력을 갖추고 있다면 보험은 필요가 없다. 그러나 만일 당신 신상에 어떤 재난이 발생했을 때 가족의 생활과 성장에 문제가 발생할 여건이라면 반드시 보험을 들어 두기를 권한다. 보험은 예기치 못한 불행으로부터 나와 내 가족을 지키기 위해 선택이 아닌 필수로 가입해 두어야 할 보호 장치임을 자신 있게 말할 수 있다.

3) 보험은 영업이 아닌 설명과 설득이다

난 보험이 영업이 아니라고 생각한다. 보험은 정보다. 요즘은 주민등록번호만 전산에 입력하면 고객들 병력에 타사 보험금 지급 이력, 가입 현황까지 다 확인할 수 있다. 심지어 데이터로 통계까지 바로 확인되고 납입 기간, 보장 기간 등 수치까지 정리해준다. 보험도 사람의 성향에 따라 가입 내용이 다른데 같은 음식도 누가 먹으면 맛있다 하고 누가 먹으면 그저 그렇다고 하듯이 보험도 설계사마다 설계 스타일이 달라서 자기 취향대로 설명하고 설득시키려 한다.

그런데 일반적으로 고객들은 자기가 가입한 보험이 균형감이 있고 본인에게 합당한 내용인지 아닌지 대한 분별력이 없다. 그래서 우린 보험을 가입한 고객들에게 명확히 잘 설명해야 한다. 설명을 잘할 수 있도록 성실히 교육을 받고 내 적성에 맞는지 이 일을 계속해서 해도 되는지 그때 생각해 보기로 한다.

4) 자신의 가치를 찾게 한다

"생각해 보겠다고 하는 건 그래도 무언가 제 얘기가 마음에 드는 구석이 있어서 생각해 보신다는 거지요?" 하고 의중을 파악해 본다. 그냥 예의상 거절 표시인 걸 알아채더라도 이렇게 얘기하면 나와 나눈 얘기들 중 자신에게 가장 와닿거나 생각나는 이야기 하나는 되짚어 얘기하게 된다. 그러면 일단 취향 파악이 수월하고 고민하는 이유를 나도 다시 한번 더 확인할 수 있다. 그런 후 나는 이렇게 얘기한다.

"하다 보면 애착이 생기고 의미를 알게 되지 처음부터 애정을 갖고 빠져드는 직장은 없죠. 저도 교보생명이 제 인생의 꿈은 아니기 때문에 힘들 땐 고민도 많이 해요. 물론 지금의 고민은 '어떻게 하면 더 잘할 수 있을까?' 하는 연마의 심정을 담은 고민이지만 한편으로는 내가 하고 싶은 것들을 하기 위해 필요한 돈을 버는 곳이기 때문에 일하는 것이기도 해요. 교보생명에 뼈를 묻을 거라고 생각하지 마세요. 그냥 어떤 일인지 알아보자 하고 가벼운 마음으로 일단 오세요. 그리고 일하면서 배우면서 의미를 담아보세요."

우리는 예측 불가능한 위험들이 언제든 발생할 수 있다는 것을 안다. 가끔은 인정하려 들지 않을 때도 있고, 더러는 불확실한 일에 대한 기회비용을 더 아까워할 수도 있다.

마치 복권을 사면서 기대했다가 당첨이 안 되었을 때 복권에 투자한 돈이 아까워지는 것처럼. 그러나 우리가 지켜야 하는 건 되면 좋고 안 되면 말고 하는 요행이 아니라 우리가 아끼고 사랑하는 것들을 지키기 위한 사전 준비 자세이다.

6. 미친녀(美親女)는
우리 사회에 꼭 필요한 존재다

　세계 1위 고령화 시대를 향해 달려가고 있는 우리로서는 예측 불가능한 위험으로부터 나와 내 가족을 지키는 것에 투자하는 기회비용에 대한 적극적인 고민이 필요하다. 조기 사망보다 더 위험한 것은 장기 생존이다. 통계청 자료만 봐도 알 수 있다. 이건 픽션이 아니라 논픽션이다.

　보험을 잘 활용하면 위기의 순간에 큰 도움을 받을 수 있다는 것을 인식해야 한다. 그래서 나는 내가 하는 이 일이, 인간 실생활의 편리를 위한 자동차나 핸드폰 같은 기술이나 기기보다 더 현실적으로 인간이 인간다운 삶을 영위할 수 있도록 가장 안전하게 장치를 마련해 두는 일이라고 생각한다. 이에 내가 하는 이 일이 누군가에게는 삶의 희망이 될 수 있고, 내 고객과 직원들의 삶을 윤택하게 하는 데 일조

할 수 있다는 사실에 고마움과 자부심을 느낀다.

보험은 불량식품이 아니다. 국민의 안정된 삶을 위해서 누구에게나 필요하고 누구에게나 존중받을 만한 가치가 있는 훌륭한 금융상품이다. 보험의 본질을 정확히 이해하고 세상에 알릴 수 있는 美親女(미친녀)들이 여전히 우리에게는 필요하다. 오늘도 나는 이 일을 잘하기 위해 끊임없이 고민하고 배우기를 멈추지 않는다. 이 일이 언젠가 나와 내 동료들에게 강한 자신감과 자부심이 되는 그날을 위하여.

CHAPTER 4

꿈 바람 난 내 인생
|신은재|

미래를 대비하기 위해 마음의 나침판을 이용하는 것은 자신이 꿈꾸는 목표와 가치를
재확인하고, 그에 따라 행동할 수 있는 방향을 찾는 것이다.

학력 및 경력 사항

• 숙명여자대학교 아동복지학 학사
• 제주대학교 행정대학원 행정학 석사
• 제주대 평생교육원 상담심리과정 수료
• 고려대 명강사 최고위과정 19기 수석부회장
• 전 제주특별자치도사회복지행정연구회장
• 전 제주특별자치도사회복지사협회 부회장
• 전 제주특별자치도청 장애인복지과장
• 현 제주특별자치도사회서비스원 경영기획실장

강의 분야

• 사회복지, 인문사회, 동기부여, 자기계발, 소통, 건강 등

Email suj5390@hanmail.net

자격 사항

- 사회복지사 1급
- 청소년지도사 1급
- 사회복지레크레이션 1급
- 보육시설장 자격
- 심리상담사 2급
- 독서지도사 2급
- 챗GPT 인공지능 지도사 2급
- 명강의 명강사 1급

수상 경력

- 제5회 대한민국공무원상
- 행정자치부 장관 표창
- 보건복지부장관 표창
- 여성가족부장관 표창
- 제주지방경찰청장 표창
- 제주도지사 표창

저서

- 고려대 명강사 25시(공저)
  - 꿈 바람 난 내 인생
- 학위논문(석사 1편) '지방자치제 이후
  사회복지예산 변화 추이'

1. 나는 김포공항에서 출근한다

새벽 5시, 모닝콜 소리가 나를 깨운다. 제주행 첫 비행기를 놓치지 않으려면 새벽부터 긴장해야 한다. 바로 씻고 짐을 챙기며 김포공항으로 향한다. 오랜만에 직장 생활을 하면서 야간에 공부를 하고 있다. 제주도에서 매주 월요일 저녁마다 고려대 명강사 최고위 과정 강의를 듣고, 다음 날 아침에는 김포공항에서 사무실로 출근한다.

해뜨기 전 호텔 밖은 전날 밤의 풍경과 다를 바가 없다. 새벽의 고요함과 함께 네온사인 간판들이 번뜩이며 불을 밝히고 서 있는 가로등들이 공항 가는 길을 밝힌다. 공항행 지하철에는 일터를 향해 바쁜 걸음을 재촉하는 사람들과 설렘을 갖고 여행길에 오른 가족, 친구들이 있다.

각자의 자리에서 최선을 다하며 행복한 일상을 보내고 있는 모습을 보면서 새삼 느껴지는 감정은 무엇일까?

사실 코로나 시기 3년은 나에게는 잠시 멈춘 세월이었다. '아무것도 하지 않으면 아무 일도 일어나지 않는다.'고 누가 했던가? 그렇다. 그렇게 멈춰 있는 시간 동안 나에게는 아무 일도 없었다.

누군가를 만나거나 사람들이 많은 곳에 갔다가 코로나라도 걸리면 직장에 폐를 끼치게 된다는 생각으로 집과 사무실만 왔다 갔다 하는 것이 최선의 일상이었다. 그런 내 모습이 어느 날 문득 낯설게 느껴졌다.

코로나 전에는 분주한 생활에도 불구하고 시간을 짜내 독서 스터디 모임, 요리강습, 요가, 골프 연습 등 자기계발을 위해 아낌없는 노력을 했었다. 그런 일상들이 코로나로 잠시 멈춰졌고 멈춤의 시간은 계속되었다.

그러던 중, 작년 8월에 공기업으로 파견 발령이 났다. 그곳에서는 총괄 관리 업무를 맡아 시간적 여유가 생겼다. 멈춰 두었던 취미생활을 다시 시작하려니 몸이 말을 안 듣는다.

숨 고르기를 하고 마음을 가다듬어 보니 어느덧 새봄이 왔다.

만물이 소생하는 새봄의 기운은 겨우내 잠들었던 앙상한 가지를 깨워 새싹을 틔웠고, 새봄의 기운에 자극을 받아서인지 생동감이 꿈틀댐을 느꼈다.

무엇을 시작해야 하나? 고민하던 중, 어느 날 직장 동료 이영미 사무관이 적극적으로 권유해 준 곳이 바로 고려대 명강사 최고위 과정이다.

개강 첫날부터 선배님들의 격한 환영 세리머니와 함께 고려대 캠퍼스를 누비며 사진 촬영을 하다 보니 나도 신입생이 된 것 같은 신선함이 들었다. 역시 도전하길 잘했다는 안도감과 함께 16주를 무사히 서울을 다니며 수료할 수 있을까 걱정도 솔직히 들었다.

요즘 같은 이상기후 때에는 비행 상황도 감안해야 하고, 또한 빈번한 회의, 행사 일정 등 예측이 어려운 사무실 여건에서 매주 월요일마다 육지로 오간다는 것은 거의 기적에 가까운 일이다. 올해는 유난히도 비가 잦아 더욱 날씨에 민감해졌다.

매주 서울과 제주 왕래 일정으로 많은 피로감이 쌓여갔지만 나만의 파랑새를 찾겠다는 간절함으로 다시 자리를 딛고 서 있는 나의 모습이 보였다. 그래서인지 김포공항의 분주한 무리들 속에서 나는 위로를 받고 있는지도 모르겠다. 공항은 항상 설렘을 주는 장소이다. 업무상 용건이든 여행이든 새로운 발걸음이 시작되는 곳이 공항이기에 항상 생동감으로 넘친다.

공항에서 출근하는 아침이 새롭다. 새로움이라는 감정을 느껴보는 것이 정말 오랜만이다. 새로움에 대한 기쁜 마음을 가지고 비행기에 몸을 싣고 나의 일터로 날아가 본다.

2. 작은 첫발 큰 강이 되다

사회복지공무원의 시작

나는 1991년 6월 17일에 1기 제주도 사회복지 전담 공무원으로 임용 받아 올해로 33년째 근무하고 있다. 사회복지 공무원의 업무는 아동·청소년·장애인·노인 등 사회 취약계층에 대한 지원이다. 날이 밝으면 출근하고 해가 지면 퇴근하는 다람쥐 쳇바퀴 같은 하루하루의 시간이 어느덧 33년이나 흘렀다니….

공무원의 근무 시간은 '9시 정시 출근, 6시 칼퇴근'으로 명문화되어 있지만, 실제로 야근은 기본이고 조기청소, 선거 업무 지원, 지역 축제, 행사 참여 등으로 밤낮없이 근무해야 한다. 또한 사회복지 업무는 정부의 정책 기조 변화에 따라 업무에 많은 변화가 있었고, 그 변화 시점마다 대상자들에게 안내, 홍보, 설득을 하느라 많은 시간과 일손을 필요로 했다.

나의 첫 발령지는 애월읍사무소였고, 그 후 제주시 동사무소와 제주시청과 도청 복지 관련 부서인 아동, 청소년, 장애인복지과 등 다양한 부서에서 근무하였다. 33년이라는 시간 속에서의 경험은 사라지는 흔적이 아닌, 뿌리박힌 나무처럼 몸짓을 키워가는 힘이 생겼음을 느낀다. 사회복지 공무원으로서 사회복지는 한마디로 단언하기 어려운 개념인 듯하다. 복지서비스를 받아야 할 대상이 열이면 열 모두 다를 수밖에 없는 상황에서 명쾌하게 단정 짓는다는 것은 불가능하다. 그래서인지 나의 공무원 생활은 변화무쌍하고 분주한 일상이었다.

한국 사회는 빠르게 변화하였고, 국민들의 사회복지 욕구도 다양해졌다. 그 변화 속에서 내가 맡은 대상자들에게 도움을 주는 방법을 찾는 데 어려움이 많았다. 법령과 지침서만으로는 해결할 수 없는 문제들이 많았다. 이러한 현실은 점점 나를 힘들게 했다. 동기들과 함께 밤새 업무 토론도 해 보고, 법령과 지침서를 열심히 공부해 봤지만, 민원인의 어려움을 해결해 주기엔 한계가 있었다. 그런 현실이 답답했고, 가끔 화를 내며 돌아가는 민원인을 만날 때면 속상하기도 했다.

하지만 이런 상황에서도 언제나 최선을 다하고자 했다. 그리고 그 노력은 나를 성장시키는 계기가 되었다. 이러한 현실을 극복하기 위해 나만의 능력을 갖추기로 다짐했다. 우선 공무원으로서 행정학을 알아야겠다고 생각해 제주대학교 행정대학원에 입학했다. 행정학은 넓은 범위의 학문으로 공부하기 어려웠지만, 제주도의 현안인 감귤 문제, 관광 문제, 무분별한 개발 문제 등 굵직한 제주 사회문제를 이론과 접목시켜 해결 방안에 대해 공부하는 과정은 사회복지와 연관점이 없지는 않았다.

평소 사회복지 업무를 하면서 예산분야에 어려움과 갈증을 느꼈기에 석사학위 논문으로 '지방자치제 이후 복지예산 변화 추이에 관한 연구'를 썼다. 10년 동안의 제주도 예산서를 분석하여 아동, 장애인, 노인, 여성 등 사회복지 분야로 예산변화 추이를 정리했다.

"복지예산은 복지정책이다."

연도별로 예산을 정리하며 사회복지 분야별로 변화 추세를 파악했고, 사회복지정책의 변화도 알아보았다. 어떤 요인이 정책변화에 영향을 끼치는지 궁금해졌다. 대표적으로 정치적 요인과 재정능력요인이 정책을 결정하는 데 영향을 끼친다는 것을 알게 되었다. 비록 연도별 복지예산의 단순분석이었지만, 분야별로 복지수준과 상대적 우선 순위를 알아볼 수 있었고, 추진하고 있는 업무 흐름도 빠르게 이해할 수 있었다.

나는 업무 현장에서 일어나고 있는 문제들을 이론에서 찾으려 했고, 이론을 공부하면서 업무 현장을 이해하려 했다.

이런 과정을 통해 사회복지 문제에 대한 해답을 찾으면서 오늘도 나의 사회복지 업무는 진행형이다.

어느덧 선배 사회복지 공무원으로

제주도 1기 사회복지 공무원으로서 33년간의 경력을 쌓아온 나는 2021년도에는 제주사회복지행정연구회 회장직을 맡아 활동하였다. 4년 전 후배 공무원이 찾아와 회장을 맡아 달라는 부탁을 했다. 사무관 직급으로 회장직 역할이 필요하다는 점에 공감하여 선뜻 수락하였다. 사회복지 분야에서 업무는 언제나 과중하고, 폭언·폭설 등 악성 민원 대응으로 업무 환경이 열악하다. 이러한 현실을 극복하기 위해 회장으로서 우리의 목소리를 내어 조금이라도 처우가 개선될 수 있도록 환경 개선을 위해 노력하고 있다.

사회복지 유관기관들과 협조관계를 맺어 공동 연구 방향을 모색하

고, 사회복지 발전을 위해 워크샵을 개최하고, 지역의회에 관심을 호소하는 활동을 펼치기도 하였다. 사회복지행정연구회는 전국적으로 3만여 명의 회원이 있고 제주에는 350여 명이 있다. 국가에서 추진하는 사회복지 정책이나 지방에서의 특화사업에 대해 정보를 교류하기도 하고, 친선도 도모한다. 또한 매년 제주도에서 소진된 몸과 마음을 힐링하기 위한 교육 프로그램이 개최되어 다른 지역의 사회복지 공무원들에게 휴식과 에너지를 주고 있다.

아직도 복지깔때기현상으로 읍면동의 사회복지 담당자들은 폭발적으로 증가하는 업무 속에서 힘들어하고 있고, 악성민원에 시달리다 심리적 트라우마로 위축될 수밖에 없는 환경에서 근무하는 현실이다. 또한, 외로운 죽음을 맞이하는 1인 고독사 등 암울한 소식이 들려온다.

그럼에도 불구하고 아직도 나의 일이 누군가의 행복이 될 수 있다는 신념으로 보람과 긍지를 가지고 업무에 임하는 많은 사회복지 공무원들이 있기에 우리 사회는 희망적이다.

작은 관심이 감동이 되었던 경험

요즘 화장실 내 디지털 몰래카메라 사건이 이슈가 되고 있다. 스마트폰의 성능 발달은 성범죄 현상을 더욱 진화시켰다. 이런 사회현상을 접하면서 공공 화장실에서의 기억을 되새겨 보게 된다. 여성 업무를 맡을 때, 화장실 내 안심벨 설치사업이 있었다. 2016년에 강남역에서 발생한 '묻지마 살인사건'은 범죄 대상이 불특정 대상, 특히 여성 등 약자를 겨냥한 범죄였다. 타인에게 노출되지 않는 장소에서 범죄가 발생한 사건으로 우리 사회에 큰 충격을 안겨 주었다.

불안한 사회 분위기가 전국을 휩쓸 즈음, 이미 제주도에서는 여성 권익 증진사업이 한창 추진 중이었다. 박근혜 정부시절, 4대악 근절사업으로 가정폭력, 성폭력, 성매매 추방을 위한 지방 특색에 맞는 사업을 발굴하여 추진하고 있었다. 제주도에서 추진하던 '공공화장실 안심비상벨 설치사업'은 관광지 특성상 많은 관광객들이 오가는 공원 내 화장실에 비상벨을 설치하여 여성들의 안전을 도모하고자 했다. 이 프로젝트는 화장실 내 비상상황에서 바로 112센터와 연결되어 도움을 받을 수 있는 안전 서비스였다.

여성의 신변보호를 위한 여성 SOS 안전서비스로 시작한 이 사업은 우선 112센터를 관할하고 있는 경찰청의 협조 없이는 불가능했고, 화장실 관리 부서인 시청 담당과에서 비상벨 운영시스템 설치를 안 해주면 추진이 어려운 상황이었다. 사업 관련 부서와 경찰 등 유관기관과 여러 차례 회의를 가지고, 협조를 구하면서 드디어 2016년 5월에 본격 개시되었다. 공교롭게도 이때 강남역 화장실에서 '묻지마 살인사건'이 발생했고, 이 사건을 계기로 화장실 내 비상벨 사업은 전국적으로 파급되었다.

그렇게 시작된 화장실 내 비상벨 설치가 지금은 웬만한 공공기관의 화장실마다 필수 장치로 설치되어 있음을 본다. 여성 대상의 범죄

로부터 안전한 사회를 만드는 데 제주에서 시작된 사업이 보편적으로 정착되어 국민들이 안전함을 누리게 된 것이다. 그때 우선적으로 제주도에서 추진한 공적을 인정받아 대통령 표창의 영광도 얻었다. 33년간의 공무원 생활에서 무엇보다 보람을 느낄 때는 내가 담당했던 업무가 어려운 사람들이나 도민들에게 도움이 되고 있다는 점을 접할 때이다.

또 하나의 사례는 장애인회관 건립 업무이다. 사무관으로 승진하여 장애인복지과에서 근무할 때였다. 이 프로젝트는 시급하게 해결해야 할 현안으로 제주도 내 장애인단체들 간의 소통과 연대를 위해 필요한 사업이었다. 건립 부지를 결정하고, 건축 방향을 설정하여 설계부터 착공까지 본격적으로 추진해야 했다.

이 프로젝트는 장애인 단체 당사자들의 요청에 따라 시작되었다. 장애인회관 건립 사업은 장애인단체들의 오래된 숙원 사업이었고, 내가 업무를 맡았을 때가 본격적으로 시작할 타이밍이었다. 그래서 장애인단체장들은 매일같이 찾아와 건립에 대한 요구사항을 제시했고, 민원에만 급급하다 보니 업무 추진도 더디었다. 장애인회관은 유형별 장애인단체 사무실과 소통을 위해 이용해야 할 커뮤니티 공간이기 때문에 장애인단체장, 학계 전문가, 건축가 등으로 건립TF단을 구성하여 다양한 의견이 반영되도록 추진하였다. 장애인단체 사무실 공간을 비롯하여 문화, 여가, 활동시설 등 최대한 당사자들의 욕구를 반영한 설계가 이루어지도록 하였다.

요즘 카페는 소통의 공간이자 힐링 공간이다. 제주도청에도 작은 쉼터 장애인카페가 있다. 이 장애인카페는 제주도 장애인복지과에서 중증장애인의 사회 참여와 일자리 제공을 위해 2017년도에 중증장애인 청년 바리스타 장애인카페 1호점을 개점하여 운영해 오고 있다.

장애인복지시설 일배움터에서 맡아 운영하고 있으며, 유기농 원두로 직접 내린 맛있는 커피와 함께 장애인들이 직접 재배한 꽃들도 판매되는 아름다운 맛집 카페이다. 23년 6월에는 카페 소속 바리스타 장애인이 전국장애인바리스타대회에서 동상을 수상하는 영예도 얻었다.

2023년도에 장애인복지과장으로 일하면서 개점한 지 8년이 지난 카페 환경을 개조할 필요에 따라 예산을 확보하여 리모델링 공사를 하였다. 작은 관심으로 많은 사람들이 이용하는 좋은 환경의 카페 분위기를 만든 점은 또 하나의 보람이다.

정책 추진 과정에서 당사자들과의 적극적인 소통과 현장 대화를 통해 정책을 구상하고 추진한 점을 우수하게 평가받아 2018년도에는 대한민국 공무원 대상을 수상하는 영광도 주어졌다.

"현장에 답이 있다."는 신념을 가지고 문제를 해결하고자 노력했다. 어디든 찾아가서 현장 대화로 정책 당사자의 소리를 담기 위해 자문, 소통 회의를 통해 소리를 수용하고 존중하면서 업무를 추진하였다. 내 손이 닿는 곳마다 희망의 씨앗을 뿌리고, 그것이 그들의 마음에 꽃피워 행복이란 정원을 만들어가기를 바래 본다.

3. 소멸 사회에서 사회복지의 미래는?

마을이 사라지고 있다. 하나, 둘 이웃들이 마을을 떠나 활기를 잃어 가고 있다. 우리나라 농촌과 산간 지역을 중심으로 지속되고 있는 마을 소멸 현상은 지역사회의 심각한 문제로 대두되고 있다. 빠른 속도로 진행되고 있는 고령화 문제는 저출생 현상과 함께 인구 구조의 불균형 문제를 야기시키고 있다. 마을에서 도시로 이탈되는 인구 문제로까지 이어지고 있는 것이다.

마을이 살아남기 위해서는 일정 수준의 인구가 필요하다. 이를 통해 마을의 인프라가 유지될 수 있다. 일자리, 학교, 병원 등의 생활 인프라가 잘되어 있는 도시와 달리 마을지역에는 생활 인프라가 부족하기 때문이다. 지역 소멸이 악화되는 요건으로 미흡한 생활 인프라가 중요하다 할 것이다.

따라서 마을을 유지하기 위해서는 누구라도 살기 원하는 통합적 생활환경이 구축되어야 한다. 마을지역의 통합적 생활환경을 조성하기 위해서는 아이, 청년, 노인, 신혼부부, 중년부부 등 누가 들어와 살아도 사람으로서 만족할 수 있는 삶의 질이 보장되어야 한다. 공간을 만들고 사람을 불러들이려는 기존 정책에서 벗어나 사람의 관점에서 공간을 재구성해야 한다고 생각한다.

아울러 최근 인구문제로 대두되고 있는 저출생과 고령화로 인한 인구구조 변화와 맞물려 학령인구 감소, 청년인구 감소로 소비·투자 위축, 노년부양비 급증 등의 문제가 야기될 수 있다. 이에 돌봄이 지역 내에서 이루어질 수 있게 함으로써 지역 마을에서 건강한 공동체가 형성되도록 하는 것이 중요하다.

제주에서는 지역사회의 돌봄 모델(제주가치통합돌봄)을 발굴하여 2023년부터 시행 중이다. 제주가치 통합돌봄모델은 지역사회 통합돌봄 사업으로 돌봄을 필요로 하는 사람들이 지역에서 거주하면서 개개인의 욕구에 맞는 복지와 서비스를 지역사회와 함께 어울려 살아갈 수 있는 사회 서비스사업이다. 서비스 제공은 읍면동 맞춤형 복지팀에서 상담이 이루어지며 지역 복지기관 및 자원봉사단 등 지역자원과 연계하여 제공한다. 대표적으로 긴급적으로 사고를 당하거나 돌봄 가족이 필요할 때 긴급 돌봄서비스와 요양 등급이나 장애 등급 판정 시기까지 지원되는 틈새 돌봄 서비스가 지원되고 있다.

마을 소멸은 사회복지 패러다임에 다양한 영향을 미칠 수 있는데, 첫째, 지역 사회의 연결성 감소이다. 마을이 사라지면서 이웃 간의 연결성이 감소할 수 있다. 사람들이 도시로 이동하면서 이웃 간의 교류가 줄어들고, 지역 사회의 유대감이 약화될 수 있다. 이는 사회적 지원 시스템에 부담을 줄 수 있다.

둘째, 서비스 접근성 악화이다. 작은 마을의 사라짐은 현지 주민들에게 필요한 서비스에 대한 접근성을 악화시킬 수 있다. 의료 시설, 교육 기관, 공공 교통 등의 서비스가 거리 때문에 이용하기 어려워질 수 있다.

셋째, 사회적 고립이다. 일부 사람들에게는 마을 소멸이 사회적 고립을 초래할 수 있다. 특히 고령자나 기타 취약한 집단에게는 이러한 고립이 더 큰 문제가 될 수 있다.

넷째, 자원 부족이다. 작은 마을의 사라짐은 지역 자원의 부족으로 이어질 수 있다. 이는 사회복지 서비스를 제공하는 데 필요한 자원이 부족하게 되어 사회적 취약 계층의 지원에 영향을 미칠 수 있다.

위와 같은 영향으로 새로운 대안이 등장해야 할 시점이다.

따라서 마을 소멸은 새로운 사회복지 패러다임을 유도할 수도 있다. 최근 발달하고 있는 디지털 기술과 원격 작업의 발전은 지역 사회에 사회복지 서비스를 제공하는 새로운 방법을 열어줄 수 있다. 예를 들어, 원격 치료, 온라인 상담, 지역 사회 네트워킹 등이다.

이러한 변화들은 사회복지 전문가들과 지역사회 리더들이 적응하고 대응해야 할 중요한 과제이다. 지역사회의 다양한 요구에 맞춰 새로운 솔루션을 개발하고, 지역 사회의 연결성과 지속가능성을 강화하기 위해 노력해야 할 것이다.

4. 이제 텐트 밖이 두렵지 않다

　이제 공직생활의 거대한 텐트 속에서 나는 더 이상 오를 계단이 없다. 나는 공무원 정년을 다 채우고 내년에 공로연수 후에 퇴직을 하게 된다. 목적지를 향해 계단을 오르듯이 한 계단 한 계단 오르다 보니 상도 주어지고 승진도 했는데, 이제 퇴직하고 나오면 텐트 밖에서도 나는 잘 살 수 있을까? 텐트 밖 생활은, 고비고비마다 계단을 오르듯 올라가면 그에 상응한 보상이 주어지는 텐트 속 생활과 같지는 않겠지 하는 두려움이 앞선다.

　내 주위 퇴직 공무원들의 생활을 들어보면 퇴직 후 1년은 즐겁다고 한다. 그동안 못 해 본 여행도 다니고 배우고 싶었던 것들도 배우며 즐겁게 지낸다고 한다. 만나는 사람들은 같은 처지인 퇴직 공무원들이며 매일 같은 이야기를 하며 오롯이 자신만을 위해 시간을 보내는 것이다. 그런 생활이 지속 가능할까?

이제는 100세 시대에서 120세 시대로 평균 수명이 연장되고 있다. 고령화 사회로 진입하여 초고령화 사회로 가고 있다. 최재천 철학교수님은 '고령화 사회란 모두가 외로워지는 세상'이라고 했다. 직장이 없어지면 혼자 보내는 시간이 많아질 것이다. 외로움을 극복하기 위해서는 자신을 이해하고 존중하는 것이 중요하다. 그동안 직장에 매여 다른 사람의 시계에 맞춰 살아왔다면 퇴직 후에는 나만의 시간관리법을 정하여 생활해야 한다. 남들의 평가를 의식해서 살았다면 퇴직 후에는 온전한 나를 만나고 나를 바라보는 자기 인식의 시간이 필요하다. 그래야 자신의 강점을 발견하고 발전시켜 나갈 수 있을 것이다.

외로움은 인간 모두가 느끼는 감정이며, 혼자 있는 시간에 비로소 자아가 성숙해진다고 한다. 공무원으로서의 신분과 역할에서 벗어나, 이전과는 다른 삶의 단계로 진입함에 따라 새롭게 나의 가치와 역할에 대해 고민해야 할 것이다. 업무에 대한 제약이 사라지면서 자유롭게 시간을 쓸 수 있어 취미나 관심사를 새롭게 발견하고, 새로운 도전에 나서는 등 선택의 폭을 넓혀야 할 것이다.

동료, 친구, 가족 등과 사회적 관계를 유지하며, 새로운 사회적 활동이나 봉사활동을 통해 새로운 인연을 만들어 갈 것이다. 또한 재정적인 변화를 고려하여 퇴직금, 연금 등을 적절히 관리하고 미래를 준비해야 할 것이다.

무엇보다도 건강한 삶의 질을 유지하는 것이 중요한데, 건강한 생활습관과 적절한 운동, 활동을 하고 행복한 삶을 살아가야 할 것이다. 이렇듯 공무원 은퇴 이후에는 새로운 삶의 단계에 대한 적응과 변화가 필요하며, 이를 통해 새로운 가능성을 발견하고, 삶의 다음 단계를 준비하는 데 집중해야 할 것이다.

고려대 명강사 최고위과정 수업을 들으면서 나는 많은 도전을 받았다.

'자신'을 먼저 정의를 내리되 세상 속에서 '나'를 찾지 말고 '내' 속에서 세상을 찾으라.

'자신'이라는 우주 전문가가 되라.

'나'를 감동시키는 강의를 하라.

오늘은 과거가 아니라 미래가 결정한다.

새로운 미래가치를 창출하고 지속하기 위해 비전 차트를 만들고 버킷 리스트를 작성하라.

인생은 버리는 것.

한 구절 한 구절마다 감동을 주며 나를 변화시키는 강한 힘이 있다. 명강사님들의 명강의를 들으며 앞으로의 텐트 밖 생활에 대한 인생 내비게이션을 설계해 본다.

5. 나의 나침판을 향해서

　한때 웰빙 열풍이 분 적이 있다. 고도의 산업화로 정신적 피로감이 쌓인 한국 사회에서는 당연한 현상이었다. 산업화 시대의 물질적 부는 정신 건강의 불균형을 가져와 인간 소외와 우울증, 심한 경우 정신적 공황까지 겪게 한다. 웰빙은 이러한 현대 산업사회의 병폐를 인식하고, 육체적·정신적 건강의 조화를 통해 행복하고 아름다운 삶을 영위함을 목적으로 한다. 웰빙(well-being)은 사전적 의미로는 정신적, 육체적인 건강과 행복, 복지와 안녕을 의미하고, 사회적 의미는 물질적 부가 아니라 진정한 삶의 질을 강조하는 생활 방식을 가리킨다.

　고도의 현대 문명과 산업사회의 발달로 편리하고 풍요로운 생활을 누리고 있는 인간은 오늘날 인간성 상실과 기계 중심적 사고 등 많은 문제점에 부딪치고 있다. 이에 진정한 삶의 회복을 원하는 웰빙 경향이 더욱 강해지고 있다. 이는 경제력을 바탕으로 단지 잘 먹고 잘사는 외형적 삶만을 추구하는 것이 아니라 나름의 방식으로 자신의 정신적 만족을 구가하며 행복을 찾고자 하는 현대인의 소망이다.

이와 더불어 중요한 키워드가 있다. 인간으로서의 존엄성과 가치, 품위를 지키며 삶을 마무리하는 것을 의미하는 단어, 웰다잉이다. 잘 사는 것만이 중요한 것이 아니라, 잘 죽는 것도 중요하다는 역발상을 통해 새로운 흐름으로 나타난 것이다.

삶이 없다면 죽음도 없다. 삶과 죽음은 세트이다. 우리가 선택해서 태어나지 않은 것처럼 죽음도 선택할 수 없는 필연이다.

하지만 현재 삶에 좀 더 집중해서 더 의미 있게 살고, 인생의 마지막 순간에 행복한 작별 인사를 하며 아름다운 생을 마감하는 것은 선택할 수 있다. 강원남 웰다잉 연구소장에 의하면 우리나라 어르신들에게 어떻게 죽는 게 잘 죽는 것인가를 들어 본 결과, "자다가 죽고 싶다.", "안 아프다가 죽고 싶다.", "자식에게 폐 안 끼쳤으면 좋겠다."고 답했다고 했다.

어떻게 죽느냐보다 더 중요한 점은 누구나 살아온 모습 그대로 죽음을 맞이하게 된다는 것이다.

미국에서는 죽을 때 통증이 적게 죽기를 원하고, 일본에서는 남에게 폐 안 끼치고 죽길 바라고, 한국에서는 가족의 품에서 죽기를 원한다고 한다.

잘 죽는 것이 잘 사는 것이다.

자신이 원하는 삶을 살라.

스스로를 사랑하라.

사랑하는 이들과 많은 시간을 함께 보내라.

해 보지 못한 일들에 도전하라.

나누고 사랑하라.

미래를 대비하기 위해 마음의 나침판을 이용하는 것은 자신이 꿈꾸는 목표와 가치를 재확인하고, 그에 따라 행동할 수 있는 방향을 찾는 것이다. 그것은 자아를 발견하고, 진정한 만족과 이루고자 하는 목표를 추구하도록 도와준다.

마음의 나침판은 미래를 대비하는 길잡이다. 그것은 자신의 가치, 열정, 그리고 목표를 향한 방향을 보여준다. 마음의 나침판을 따르면서 미래를 대비하는 것은 당면한 어려움과 변화에 대처하는 데 도움이 된다. 나침판은 방향을 가리키며 진동의 시간을 버틴다. 삶의 방향을 향하여 한 발짝 앞서서 나의 존재로 있는 것이다.

마음의 나침판을 향해 나아가는 것은 때로는 어렵고 불확실할 수 있다. 그러나 그 길은 자기 성장과 만족을 안겨줄 것이다. 마음의 나침판을 따라 미래를 대비한다면, 더 나은 미래를 위해 지속적으로 노력하게 될 것이다. 마음의 나침판을 향해 나아가는 모든 여정은 풍요로운 경험과 의미 있는 삶을 안겨줄 것이다.

PART 3

인생,
그 숭고함을
위하여

CHAPTER 1

뷰티헬스라이프를 위한 나만의 비법 5가지

| 이지현 |

노년이 될수록 건강하고 외모까지 아름답게 가꾼다면 어디를 가도 대접받고 살 수 있다.

외모도 경쟁력이다. 건강도 경쟁력이다. 성취감과 자신감은 덤이다.

학력 및 경력 사항

- 중부대학원대학교 건설융합경영학과 공학박사
- 현 한누리 부동산공인중개사사무소 대표
- 현 이지현 스킨테라피 원장
- 현 호원대학교 건축인테리어학과 겸임교수
- 고려대 명강사 최고위과정 19기 감사/윤리위원장

강의 분야

- 미용, 건강, 건축과 부동산학, 웰빙주거, 건축환경계획, 친환경 이야기 등

Email khhr1127@naver.com
Blog https://blog.naver.com/khhr1127

F O R   C O N T I N U I N G   E D U C A T I O N

자격 사항

• 공인중개사, 미용사(피부), 사회복지사 2급, 요
양보호사 1급, 타로심리상담사 1급, 커피바리스
타 2급, 강서양천 제11기 환경교육강사 양성반
수료, 한영대 탈모과정객원교수 수료, 제105기
이화여성고위경영자과정 수료 등

수상 경력

• 국회의원 표창장

저서

• 고려대 명강사 25시(공저)
  - 뷰티헬스라이프를 위한 나만의 비법 5가지
• 박사학위논문「부동산정책이 국민의 만족도
에 미치는 영향」(과거 정부와 문재인 정부의
주택정책 신뢰도의 매개 효과를 중심으로)

1. 들어가는 말

   지금 50대 중반인 나를 많은 사람이 부러워한다. 나이보다 젊고 건강해 보인다며 비결이 무엇인지 묻는다. 지금 나, 나이에 비해 탄력과 활력이 넘치는 내가 그냥 있는 것은 아니다. 내게도 아프고 힘든 시기가 있었다.

   38세의 여름 어느 날, 나는 오한과 에어컨 바람 앞에 추위를 못 견뎌 오돌오돌 떨고 있었다. 겨드랑이에서는 식은땀이 줄줄 흐르고 허리와 다리는 아프기 시작했다. 오른쪽 다리가 틀어져 바지 선 라인이 앞으로 나와 있었다. 이때부터 병원을 들락날락했다. 주사를 맞으며 꼬박 1년 동안 매일 반신욕을 쉬지 않고 했다. 전신 마사지와 얼굴 피부 마사지도 시작하였다. 하지만 아픔은 사라지지 않았다.

   그러던 중 지인으로부터 사혈 부항에 대한 경험담을 듣게 되었다. 이

때는 지푸라기라도 잡고 싶은 심정이어서 사혈 부항을 받게 되었는데, 첫날부터 신기한 경험을 하게 되었다. 치료 후 집으로 오는 차 안에서 아랫배가 따듯해지며 말로 형용할 수 없는, 신비한 기운을 느꼈다. 그리 차갑던 손과 발, 아랫배가 혈액순환이 되면서 기분이 좋아졌다.

사혈 부항으로 통증이 완화되고 〈나는 몸신이다〉에 나온 운동으로 틀어진 다리도 교정해 나갔다. 40대 중반 이후 팔이 저리고 들어 올리기가 힘들었는데, 이때부터 팔 돌리기 운동을 시작하니 오십견도 멀리 가버렸다. 눈이 짝짝이가 될 무렵 소주잔을 이용하여 눈주름을 펴주니 양쪽 모두 균형 잡힌 눈을 갖게 되었다.

부동산공인중개사무소를 하고 있었지만 피부와 건강에 대한 깊은 관심에 결국 피부숍까지 오픈하게 되었다. 마사지 피부숍을 하면서 림프마사지의 중요성을 알게 되었고, 제2의 심장이라 불리는 종아리가 우리 신체에서 얼마나 소중한 곳인지 깨달았다.

요즘에는 젊은이들 못지않게 50대 여성들도 피부에 관심이 많다. 문제는 몸이 따라주지 않고 관리가 쉽지 않다는 점이다. 특히 봄이 되면 피부는 당기고 건조해지면서 따갑고 아프다. 주름이 늘어나고 여기저기 결리고 팔과 다리가 아파, 괴로움을 호소하는 사람도 많다. 추운 겨울 동안 실내에서 움츠려만 있다가, 강렬한 봄 햇빛에 노출되면 가려움증과 건조증이 발생한다.

요즘은 100세 시대라고 한다. 그 중간인 50은 정말 중요한 시기다. 50대를 어떻게 건강하고 아름답게 살아갈 수 있는지 '나만의 비법 5가지'를 알려주고 싶다.

2. 소주잔으로 마사지를 한다고!

어느 날 거울을 들여다보다가 거울에 나타난 주름 잡힌 얼굴, 어쩌지? 주름은 왜 생겼을까?

나이가 들어가면서 아프고 나면 급격히 주름이 늘어난다. 깊은 주름이 생기기 전에 오늘은 소주잔 마사지하는 날! 정말 효과가 좋다. 경험해 본 사람은 잘 알 것이다. 소주잔 마사지는 피부과에서 하는 레이저 시술처럼 진피층까지 효과가 있다고 한다. 진피층까지 레이저가 쏘아 주어 콜라겐이 생성된다. 그러면 탄력이 생겨 주름이 퍼진다. 소주잔으로 하는 마사지가 진피 밑의 근육을 자극하여 콜라겐이 생성된다.

소주잔에 술만 넣고 마시지 말고, 피부에 잠든 콜라겐을 깨우자! 소주잔 하나만 있으면 OK! 주름이 더 늘기 전에 시작해 보자!

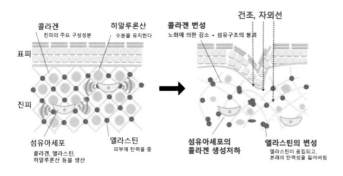

표피
진피

콜라겐
진피의 주요 구성성분

히알루론산
수분을 유지한다

콜라겐 변성
노화에 의한 감소 + 섬유구조의 붕괴

건조, 자외선

섬유아세포
콜라겐, 엘라스틴,
히알루론산 등을 생산

엘라스틴
피부에 탄력을 줌

섬유아세포의
콜라겐 생성저하

엘라스틴의 변성
엘라스틴이 응집되고,
본래의 탄력성을 잃어버림

주름의 발생 메커니즘

소주잔 마사지 방법은 간단하다. 마사지 전 클렌징을 먼저 한다. 세수를 하고 바셀린이나 마사지크림을 이용하여 소주잔으로 마사지를 시작하면 된다. 그 다음 날 보면 탄력이 생기고 잔주름이 펴져 탱탱해진다.

아나운서 정은아가 나오는 〈나는 몸신이다〉라는 프로그램을 보고 시작하게 되었는데 정말 신기하게도 눈 밑 실주름이 쫘악 펴졌다. 처져 있었던 오른쪽 눈은 위로 올라붙어 왼쪽 눈 높이와 같아졌다. 거울을 보면서도 믿기 어려울 정도로 신기했다.

어느 날 미용실에 가서 파마를 하고 있는데 미용실 원장님이 얼굴에 뭐 했냐고 볼이 탱탱하다며 묻는다. 아무것도 한 게 없는데, 소주잔으로 마사지만 했는데 다른 사람 눈에도 탱탱함이 보일 정도인 것을 알았다. 그 후로 자칭 나는 소주잔 마사지 홍보대사가 되었다. 주위 사람들에게 해보라고 입만 떼면 말하고 다녔다.

"게을러서 못하겠어요."라고 답변이 돌아오면 "이지현 스킨테라피가 있잖아요."라고 말한다. 이참에 피부숍 홍보를 덤으로 하는 것이다. 물론 돈에 구애 받지 않고 마음대로 쓰고 사는 사람이라면 피부숍에 가서 마사지도 받고 성형외과에 가서 수술과 시술을 하면 좋겠지만 돈 안 들이고 하는 방법이 소주잔 마사지다. 조금만 신경 쓰면 젊고 예쁘게 나이 들어가는 방법이 있는데 힘들게 수술과 시술을 할 필요가 있을까?

한 성형외과 의사가 "성형수술을 하러 온 환자 중 평소 피부관리를 잘하던 사람과 전혀 피부관리를 안 하고 온 사람은 성형수술을 해도 효과의 차이가 많이 난다."고 했다. 무엇이든지 평소 습관이 중요하다. 생각날 때마다 가끔 소주잔 마사지를 해왔기에 내 나이대 다른 사람들보다 젊어 보일 수 있었다. 나는 10년은 젊게 산다고 자부한다.

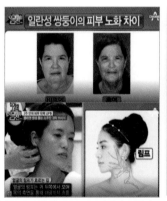 

〈나는 몸신이다〉 TV 프로그램에서 소주잔으로 하는 마사지를 선보이고 있다.

그동안 해오던 소주잔 마사지의 효과다. 또한 꾸준히 이지현 스킨테라피에서 여러 가지 관리를 받고 있기 때문이기도 하다.

소주잔 마사지의 장점은 돈 안 들이고 조금만 신경 써도, 혼자만의 노력으로 주름을 개선할 수 있다는 것이다. 바로 효과가 나타나고 꾸준히 한다면 몇 년 후, 5년, 10년 후면 관리한 사람과 관리하지 않은 사람은 분명 차이가 난다. 작은 노력으로도 큰 효과를 볼 수 있는 고마운 소주잔 마사지다.

주의할 점도 있다. 어느 날은 욕심을 부려 주름이 하나둘 생기기 시작한 목까지 세게 문질러 댔다. 그랬더니 얼굴은 괜찮았을지 몰라도 목은 거슬거슬 피부가 이상해졌다. 목은 임파선이 있어 부드럽게 마사지해줘야 한다. 살살 달래듯 한다면 목 마사지도 소주잔으로 얼마든 가능하다. 지금은 100세 시대, 50대면 청춘이다. 청춘답게 피부 건강을 가꾸고 유지해 보자.

• 블로그 : 한누리 스토리 '소주잔 마사지', '볼 탄력 잡아주는 소주잔 마사지' 참고

3. 팔 돌리기 운동으로 오십견 수술을 안 해도 된다고?

가끔 생각나면 하는 운동이 있다. 오십견 예방 차원에서 하고 있는데, 요즘은 팔이 아플 때만 한다. 이미 오십견이 온 사람이라도 이 운동으로 얼마든 개선할 수 있다. 그게 바로 수술 필요 없는 '팔 돌리기 운동'이다.

어깨를 다친 기억도 없는데 '왜 어깨가 아프지? 조금 아프다 말겠지.'라고 생각했는데 시간이 갈수록 통증이 심해진 적이 있다. 심지어 세수하는 것마저도 어렵고 숟가락 들기조차 힘들었다. 병원에 가 보니 '오십견'이란다. 그래서 알아보기 시작한 게 팔 돌리기 운동이다.

장소, 시간, 준비물이 따로 필요 없다. 막간의 시간을 이용해 무조건 하면 된다. 다리를 어깨너비로 벌리고 서서 앞으로 100번 돌리고 뒤로 100번 돌리면 되는데 매일 하면 아주 좋다. 팔이 아픈 사람은

100개 하기가 힘들다. 할 수 있는 만큼 앞으로 돌리고 또 뒤로 돌리고 돌릴 때 팔이 귀에 닿을 수 있도록 하면서 돌려준다. 최대한으로 팔이 귀 옆을 지나가도록 팔을 돌린다.

그렇다고 아픈 걸 참아가며 너무 무리하지는 말자. 무리하면 역효과가 난다. 안 하니만 못하게 된다. 천 리 길도 한 걸음부터다. 매일 횟수를 조금씩 늘려 가면 된다. 늘어난 개수만큼 팔은 자유롭게 잘 움직여지고 아프지도 않게 된다. 누구나 겪는 오십견, 얼마든 자신의 힘으로 예방도 할 수 있고 치료도 할 수 있다. 건강한 노후로 가는 길에 오십견이 방해가 되지 않게 하자.

어깨관절shoulder joint은 상박골의 머리humeral head와 관절와glenoid cavity의 접촉으로 이루어진다. 상박골의 머리humeral head와 관절와

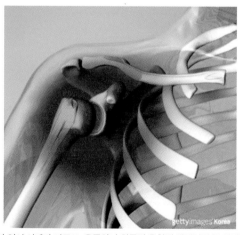

별다른 외상 없이 어깨가 아프고, 운동하기 힘들면 유착성 관절낭염 '오십견'일 수 있다.

glenoid cavity의 접촉이 있으니 얼마나 아플까? 상박골 머리와 닿는 부위의 관절와가 조금 들어가 있고, 그 주위로 섬유 연골이 주성분인 테두리가 둘러싸여 있긴 하지만, 골반이 대퇴골두를 완전히 감싸는 고관절에 비하면 좀 불안한 게 사실이다. 어깨 탈구가 비교적 흔히 일어나는 것도 그 때문인데, 이를 보상하기 위해 여러 개의 인대와 근육이 어깨관절을 지지해 준다. 최종적으로 그 둘레를 섬유 주머니가 둘러싸고 있는데, 이 주머니를 '관절낭capsule'이라고 한다.

• 블로그 : 한누리 스토리 '오십견 수술 없이 고치는 방법' 참고

4. 틀어진 골반, 골반교정 운동으로 교정된다

10년 전쯤일까? TV 프로그램 〈명의〉인 것으로 기억하는데 골반교정 운동을 매일 1시간씩 해서 15kg이나 살을 뺀 주부가 나왔다. 골반이 틀어져 있으면 살이 찐다는 것이다. "어 정말?" 하며 바로 골반교정 운동을 따라 해봤다. 오른쪽 다리가 틀어졌다는 걸 그날 처음 알았다. 평소 오른쪽 다리가 무척 당기고 아프곤 했다. 바지를 입으면 옆선 라인이 틀어져 이상하다 생각했었는데. 알고 보니 바지는 정상이고 골반이 틀어진 거였다. 사혈 부항을 해서 그런지 일상 생활하는 데 큰 문제가 없어서 통증이 덜했을 뿐이었다.

그래서 생각날 때마다 몇 번씩 했을 뿐인데도 효과는 나타나기 시작했다. 아픈 오른쪽 다리에 신경을 쓰며 골반교정 운동을 했는데 어느 날 바지를 입어보니 틀어져 있던 오른쪽 바지 옆 선 라인이 정상이 된 것이다. 골반교정 운동을 하면 틀어졌던 골반과 다리가 정상으로 조금씩 돌아왔다. 그러면 자연스럽게 아프던 부위가 아프지 않게 되었다. 그러나 방심하는 사이 어릴 적부터의 잘못된 걸음걸이로 또다시 골반이 틀어지곤 했다. 하지만 틈틈이 골반교정을 운동으로 해준다면 걸음걸이 역시 차츰 정상적으로 돌아갈 것이다.

골반교정 운동을 하면 틀어진 다리 쪽이 아픔을 느낀다. 골반교정 순조롭게 이루어지면 아픔도 사라지고 자연히 다이어트 효과까지 있어 살도 빠진다. 매일 1시간씩 골반교정 운동을 하면서 고기든 뭐든 먹고 싶은 대로 먹었어도 오히려 살이 빠졌다고 하니 다이어트에 분명한 효과가 있다.

다리와 허리가 아프면 골반교정 운동을 바로 시작하자. 효과는 몇 번 해 보면 바로 알 수 있다. 건강해야 하고픈 일, 공부, 또한 돈도 벌 수 있다. 돈은 많은데 아프면 아무것도 할 수 없지 않은가. 아직 건강을 자부하는 3, 40대라면 크게 더 아프기 전에 미리 예방하자. 물론 이미 아파서 고생하고 있는 4, 50대에게도 골반교정 운동은 효과 만점이다.

• 블로그 : 한누리 스토리 '골반교정 운동' 참고

5. 제2의 심장 종아리와
림프마사지의 효과

　거우내 건조해진 피부가 땅기고 무기력증에 몸도 마음도 무거운 봄이다. 봄볕에 이미 건조한 피부는 당겨서 주름이 급격히 늘어난다. 이때 관리를 잘해야 그나마 젊음을 유지할 수 있다. 5년 후, 10년 후는 관리한 사람과 관리 안 한 사람은 신체와 건강 나이 차가 많이 난다고 한다.

　림프는 얼굴에도 있고 목에도 있고 가슴 쇄골, 팔, 겨드랑이, 뒷다리, 사타구니에 있다. 림프관리로 만성 염증, 암 예방까지 도움을 줄 수 있다고 한다. 피부를 보호하고 노폐물을 배출하여 면역력 향상에도 도움이 되는 림프마사지가 있다.

건강의 비밀, 림프마사지 효능

1) 림프마사지를 통해 쌓여 있는 림프액을 효과적으로 내보내기 때문에 부기 감소에 도움이 된다.

2) 림프 방출이 원활해지면 당연히 면역 기능도 향상된다.

3) 부드럽게 마사지하기 때문에 통증을 완화시켜 준다.

4) 혈액순환이 개선되어 혈액 내 독소배출로 산소와 영양분이 공급된다.

5) 부드러운 마사지 동작으로 신체와 마음에 긍정적 영향을 주어 스트레스 및 불안감을 줄여준다.

6) 마사지를 통해 근육이 탄력을 유지하고 자율신경계의 균형을 맞춰 노화를 예방해 준다.

7) 부드러운 마사지 동작은 근육과 연조직의 혈액순환을 촉진시켜 상처 치유에 도움을 준다.

50대가 되면 제2의 심장이 종아리에 있다. 몸의 최 하단부에 위치한 종아리를 '제2의 심장'이라고 부른다. 종아리 근육이 뻣뻣하고 약하면 밑으로 내려온 혈액이 다시 심장으로 돌아가기 힘들다. 그래서 심장은 더 많은 일을 하게 되는데, 이 때문에 심장에 이상을 만들어 낼 수 있다.

제2의 심장, 종아리 관리가 중요한 이유를 좀 더 자세히 살펴보자. 심장은 깨끗한 혈액을 몸 전체로 보내는 좌심실과 더러운 혈액을 폐로 보내는 우심실로 나뉜다. 더러운 혈액이 심장에 모이는 과정에서 심장 위에 위치한 머리는 중력의 영향으로 자연스럽게 심장으로 혈류가 공급된다. 그러나 심장과 가장 먼 팔과 다리는 근육의 수축과 이완을 통해 정맥 혈류를 심장으로 밀어주어야 한다.

종아리 근육은 수축과 이완을 통해 더러워진 혈액을 심장으로 원활하게 보내는 데 도움을 주며, 혈액의 역류를 방지하기 위해 한쪽 다리에만 60여 개의 판막이 존재하여 혈액이 심장 쪽으로만 흐르도록 돕는다. 이러한 이유로 종아리를 제2의 심장이라 부른다.

나이가 들수록 다양한 원인으로 종아리가 약해지는데, 그와 함께 어타 질병에 걸린 위험도도 높아질 수 있다. 여성의 경우 생리 전에는 여성호르몬(에스트로겐)이 활발하게 분비되고 칼슘, 마그네슘 등이 빠져나가게 된다. 임신 중에는 혈액량이 증가하며, 프로게스테론과 같은 호르몬 변화로 정맥이 약해질 수 있고, 이러한 변화는 정맥 내벽의 확장과 판막의 손상, 부종 등을 야기할 수 있다. 여성들이 더욱 종아리 건강에 신경을 써야 하는 이유다.

오랫동안 서 있거나 다리를 꼬고 앉는 자세는 혈액 순환을 방해하여 정맥의 압력을 증가시킬 수 있으며 종아리 근육을 약화시킬 수 있다. 정맥의 압력이 증가하면 판막이 손상되고 혈액의 역류가 발생할 수 있다. 과체중 또한 다리에 가해지는 압력을 증가시켜 정맥 벽과 판막의 손상을 일으킬 수 있다. 종아리 근육을 과도하게 사용하거나 갑작스러운 운동을 하면 근육 부상이 발생할 수 있고, 급격한 통증과 함께 근육의 피로를 느낄 수 있으며, 통증은 움직일 때 더 심해질 수 있다.

마사지는 종아리 근육 건강을 촉진하고 유지하는 데 도움이 되는 좋은 방법이다. 혈액순환을 촉진시키고, 영양분과 산소의 공급을 개선하여 전체적인 건강과 피부 상태도 좋아진다. 근육과 인대 유연성을 높이고, 뭉침과 경직을 해소하여 부상을 예방하고, 특히 운동선수나 활동적인 생활을 하는 사람들에게 중요하다고 할 수 있다.

건강한 신체 기능을 유지하기 위해 꾸준한 마사지와 관리가 필요하다. 마사지를 통해 혈액이나 림프의 순환을 촉진시키고 신진대사를 왕성하게 하여 몸과 마음의 안정을 찾고 건강한 생활을 즐기자!

• 블로그 : 한누리 스토리 참고

6. 사혈 부항으로 50대 건강 지킨다

17년 전 허리가 아파서 앉아 있거나 누웠다가 일어나려면 하면 허리 펴기가 힘들었던 적이 있었다. 무슨 이유에서 인지 어느 날부터 허리와 오른쪽 다리가 아프기 시작하더니 펴기가 힘들어졌다. 걸어 다닐 때는 또 아무 이상 없이 잘 다녔다. 그런데 일어서려면 너무 아파서 차라리 계속 누워있고 싶을 때가 있었다.

그러다 보니 면역력도 많이 떨어졌고 감기를 달고 살아야 했다. 여름에는 아무리 더워도 에어컨 바람을 쐴 수가 없었다. 뼛속까지 시리고 춥고 겨드랑이에서는 식은땀이 나고 대체 무슨 조화인지 몰랐다. 젊은 여자가 한 여름날 긴팔 잠바를 챙겨 입고 다녔다. 어디 실내만 들어가면 에어컨 바람을 안 맞을 수가 없는데 너무 추워 미칠 지경이었다. 밖에 나오면 한여름 날씨가 그리 따뜻하니 좋을 수가 없었다.

나는 고작 38세에, 젊은 할머니가 되어 기어다니고 있었다. 한약을 몇 번이나 먹고 해도 손발이 너무 차갑고 허리도 아프고 나아지지가 않았다. 꼬박 1년 동안 매일 사우나 반신욕을 다녔다. 사우나에 다녀오면 몸이 따뜻해져서 몇 시간은 괜찮았다. 병원에서 큰 주사를 맞았다. 그러면 일주일 정도는 있을 만한데 또 다시 통증이 시작되었다.

그러다가 어느 날 척추뼈가 튀어나와서 몇 발자국 걷기도 힘들었는데 거짓말처럼 나았다는 지인의 얘기를 들었다. 디스크로 수술 날까지 잡았는데 사혈 부항을 한 지 1년 만에 나았다는 것이다. 2년째 사혈 부항을 하고 있는데, 1년간 사혈 부항으로 허리디스크도 낫고 살도 자연적으로 빠졌다고 했다. 따로 다이어트를 한 적도 없다고 했다. 지푸라기라도 잡는 심정으로 사혈 부항을 해 보았다.

사혈 부항을 시작한 날 허리에서 마치 선지처럼 진득한 어혈이 나왔다. 건강이 안 좋았으니 당연히 어혈이 많이 나왔다. 허리 부분에 신장혈이라는 곳이 있는데, 신장혈이 온몸의 어혈을 빼내는 통로라고 한다. 그날 집으로 돌아오는데 그렇게 평생 차갑던 배가 혈액순환이 되어 따뜻해졌다. 이런 기분은 태어나 첨 느끼는 일이라 신기했다.

그 후로 사혈 부항기 세트를 사서 일주일에 한 번씩 작은딸에게 사혈을 받았다. 사혈을 한 며칠은 몸이 좋았다. 그러다 며칠 지나면 또 아파오니 자연적으로 사혈 부항을 하게 된다. 사혈 부항 횟수가 늘어날수록 아픈 날보다 안 아픈 날이 길어진다. 1주일이나 10일에 1번씩 3개월 하고 3개월 쉬고 또 3개월하고 3개월 쉬는 방법으로 사혈 부항을 하면 된다. 사혈 부항을 한 지 9개월이 지나니 정말 신기하게 아픔이 사라져 놀라웠다.

어혈은 나이에 따라 평범한 사람들 누구에게나 생길 수 있다고 한다. 40대는 40%, 50대는 50%의 사람들이 어혈을 가지고 있어 여기저기 결리고 아프고 오십견도 온다고 한다. 허리와 다리도 아프고 혈액 순환이 원활하지 못해 이유 없이 아프곤 한다. 노폐물과 어혈로 혈관 통로가 좁아져 혈액이 잘 안 통하니까 잔병이 자주 생긴다.

주변에서 아무리 병원 다니고 물리치료를 받고 약을 먹어도 안 낫고 아프다며 돈만 많이 나갔다고 호소하는 사람들이 적지 않다. 그렇다면 결리고 아픈 곳의 어혈, 노폐물을 사혈 부항으로 빼내고 건강 식단과 적당한 운동을 시도해 보는 건 어떨까?

사혈 부항을 알게 된 지가 17년 지난 것 같은데 사혈 부항을 처음

한 1년 후 허리 다리가 다 나았고 그 후론 가끔씩 안 좋은 부위 위주로 한다. 이 느낌은 경험해 본 사람만이 아는 것이니 백 번 얘기하고 들려줘 봐야 소용없다. 등산 후 발목 아플 때, 좀 삐끗했다 싶을 때 사혈 부항을 하면 바로 아픔이 사라진다. 발목 같은 부위는 얼마든 혼자도 할 수 있다. 직접 체험해 보라!

이유 없이 나이 들어가면서 여기저기 결리고 쑤시고 아프고 힘들었던 사람 중에 한의원, 병원 물리치료, 약물치료까지 소용이 없었다면 사혈 부항을 해보자. 집에서 가족이 함께 직접 할 수 있기에 건강과 돈 두 마리 토끼를 잡는 게 가능하다.

• 블로그 : 한누리 스토리 '사혈침 부항으로 노폐물, 어혈 없애기' 참고

7. 마치며

나를 지켜준 건강 기법, 뷰티헬스라이프를 위한 나만의 비법 5가지, 소주잔으로 마사지하기, 팔 돌리기 운동, 골반교정 운동, 제2의 심장 종아리와 림프마사지, 사혈 부항을 소개하였다. 이 5가지만 꾸준히 하여도 건강하고 아름다운 100세가 될 수 있다.

이미 나의 블로그를 통해 몇 가지 비법을 소개했지만, 지면을 통해 정리하는 것은 처음이다. 갱년기 여성들 어떻게 고통에서 헤어 나올 수 있는지, 건강하고 젊은 아름다움을 유지하는 비법을 공개하겠다.

"뷰티헬스라이프를 위한 나만의 비법 5가지"는 무엇보다도 장점이 많다.

첫째, 누구든 남녀노소 아무나 셀프 관리로 건강하고 아름다움을 지킬 수 있다.

둘째, 장소 시간 구애 받지 않고 언제 어디서든 가능하고 예방도 할 수 있다.

셋째, 병원비도 안 들이고 나을 수 있고 만성 질병을 개선할 수 있다.

이런 장점에도 허점이 있다. 바로 꾸준한 실천력이다. 우리 모두 건강하게 장수하기를 원하지만, 많은 사람이 실천하기가 힘들다. 사실 그렇게 어려운 방법이 아님에도 불구하고, 실천력이 부족하기 때문에 효과를 거두기가 어렵다.

실천력만 있다면 이젠 100세도 걱정 없다. 인생은 오래 사는 것보다 아름답고 건강하게 살아야 제대로 사는 것이다. 노년이 될수록 건강하고 외모까지 아름답게 가꾼다면 어디를 가도 대접받고 살 수 있다. 외모도 경쟁력이다. 건강도 경쟁력이다. 성취감과 자신감은 덤이다.

꾸준한 실천이 중요하다. 지금 바로 시작하라! 유병장수가 아닌 무병장수 100세로 가자!

CHAPTER 2

행복한 노후를 위한 현장 제언,
나의 얼 송간을 찾아서

| 송정숙 |

적절한 의료서비스와 사회적 건강관리 프로그램이 노인의 기본권을 지켜주는 기반이다.
삶의 질은 건강에 달려있기 때문이다.

학력 및 경력 사항

• 동방문화대학원대학교 교육학 박사
• 칼빈대학원대학교 사회복지사 석사
• 호원대학교 졸업
• 청암예술대학 졸업
• 사회복지사 요양원 2년 근무
• 국공립 어린이집 근무/서울형 어린이집 근무

Email casjs52@naver.com

자격 사항

- 어린교사 2급
- 사회복지사 2급
- 노인 심리상담 1급
- 가족상담치유사 1급

저서

- 고려대 명강사 25시(공저)
  - 행복한 노후를 위한 현장 제언,
    나의 얼 송간을 찾아서

1. 누구도 피해가지 못하는 노후, 나만의 현장 체험기

노인은 도서관이다

아름답지만 간혹 황폐했던 한반도에서 긴 세월 동안 크고 작은 전란을 겪으면서 이 나라를 지켜 온 조상들, 그리고 노인이라 불리는 어르신들, 그 한 분 한 분은 살아 움직이는 도서관이다. 오랜 세월 살아오는 과정에서 축적된 풍부한 경륜과 경험은 도서관 한 채도 모자란다. 어르신들은 살아온 세월의 양만큼 이 사회에서 필요로 하는 많은 경험과 정보들을 가지고 있어 아직 경험이 부족한 이들에게 깨우침을 줄 수 있기 때문이다.

어르신들과 대화를 나누다 보면 그 많은 지혜와 지식과 기술에 탄복할 때가 많다. 대단하지 않다고 말하는데 무릎을 탁 치게 되는 경험담이야말로 돈 주고도 배울 수 없는 것들이다. 그분들은 아무런 대가를 바라지 않는다. 마음을 열고 다가서면 우리 삶에 필요한 진짜 지혜까지 전수해주는 멘토가 되어준다. 세상사 고통과 행복은 다 사람들과의 관계에서 시작된다. 인연(관계)의 어려움에 부딪쳐도 어떻게 인내하는지, 실수했을 때 어떻게 재기할 수 있는지, 나락으로 빠졌을 때 긍정의 힘으로 전환하는 방법 등 일상의 평온을 위한 순간의 임기응변마저 저 깊은 지혜의 두레박에서 한 소쿠리 퍼 담아준다.

한국 노인, 눈물을 머금다

예전의 노인들은 삶의 지혜를 가진 어른으로 후손을 양육하거나 국가나 사회와 가정을 지켜온 사람으로 존경을 받았다. 하지만 현대 사회에서는 노인에 대한 인식이 악화되고 있다. 노년에 대한 규범 가치가 달라지고, 이른 퇴직과 노인 빈곤, 세대 간 갈등으로 사회적 편견 속에 노인들은 점점 소외되고 있다.

스스로 노후 준비를 못 하고 살아온 현재의 한국 노인들은 암흑기에 있다. OECD 회원 국가 중 최고 수준의 노인 빈곤율과 다른 나라보다 압도적인 자살률은 무엇을 말하고 있는가? 노인에 대한 부정적 시선은 노인의 고립 현상을 넘어서 노인 학대로 번지고 있다. 특히 가정에서 노인 돌봄의 경제적 신체적 부담이 높아지면서 가족들에 의한 노인 학대 비율이 14.2%로 나타나 충격을 주고 있다. 학대 공간 중 88%로 가장 압도적인 비율을 차지하고 있는 곳은 바로 가정이다. 이는 자녀와 함께 살고 있지 않은 노인 부부 가구의 증가도 많은 영향을 미치는 것으로 여겨진다.

노인도 인간답게 생활하기 위해 생리적 욕구, 안전의 욕구, 사회적 욕구, 존경받고 싶은 욕구가 있다. 노인에게도 국민의 기본적 인권인 행복 추구와 인간으로서의 존엄성 유지를 위한 의식주는 물론이고 의료 혜택과 경제 보장이 필요하다. 또한 노인 인권이 침해받지 않도록 제도적 장치가 마련되어야 한다. 20세기 전후로 전 세계적으로 고령화가 급격히 진행되면서 노인 인권 문제가 큰 관심사로 대두되고 있다. UN을 중심으로 사회 구성원들이 삶을 보다 만족스럽게 영위할 수 있도록 좋은 환경 만들기 활동도 추진되고 있다.

또 하나의 Sadness, 마처세대

우리나라도 급격한 노령화 추세다. 2025년에는 노인 인구 비율이 20%를 넘어 인구 5명 중 1명은 노인이 되고 그에 따른 사회적 비용은 더욱더 급격히 늘어날 전망이다. 출생이 가장 왕성했던 베이비부머 세대가 노령화 되어가고 있다. 우리나라에서는 만 65세부터 경로 혜택을 받고 있으며, 1958년생부터 향후 10년 동안 매년 80만 명 가까이 경로 인구에 포함된다. 이에 따라 국민연금, 건강 보험, 노인 장기요양보험 등 사회적 비용 부담 또한 급속히 증가할 것이다. 필요한 재원은 주로 생산활동인구(14~65세)에게 부담을 주게 된다. 세대 갈등을 넘어 수입과 지출의 불균형문제가 불 보듯 뻔하다. 생산 인구 100명당 노인 부양 비중은 현재 26.1명이지만, 2050년에는 78.6명이 될 것으로 추측되어 노인 부양에 따른 재정 부담이 크게 늘어날 것으로 보인다(통계청).

70~80대 시니어를 마처세대라고도 한다. 마처세대는 부모를 부양하는 '마'지막 세대이면서 자녀에게는 부양받지 못하는 '처'음 세대라는 슬픈 뜻을 갖고 있다. 결국 노인은 노인 스스로 해결해야 한다. 우리 모두는 노인이 된다. 그래서 노인만의 문제가 아니다. 모두의 사회적 문제이다. 모두가 심각하게 받아들여야 하는 사안이다.

마처세대 대부분은 30~40대에는 경제적인 책임을 지고 부모 부양을 하면서 자녀를 키우느라 노후 대책을 할 여력이 없었다. 이들은 국민연금(노령연금)이나 개인연금을 생각할 겨를조차 없었다. 노인의 경제적 활동 단절이라는 당면 문제는 노년기 생활에 막대한 영향을 준다. 이들의 건강한 대책이 필요한 시점이다. 정부나 유관 단체에서 생업할 수 있는 조그마한 일자리라도 창출해 낼 수 있도록 대책 마련이 시급하다.

우리 사회의 또 하나의 병, 외로움

노인의 외로움은 이제 질병처럼 사회적 병이 되어버렸다. 경제적 어려움에 처한 노인은 외로움과 고립감에 심한 우울증을 겪는다. 70세 이상의 많은 노인이 사회와 단절된 삶을 살아가고 있다. 서구 사회에서도 외로움을 사망 원인 1위의 질병으로 취급하고 있다. 미국에서도 외로움은 널리 퍼져 있는 정신건강 질환으로 매년 수백만 명의 사람들이 치료를 받고 있다. 사회적으로 부정적인 영향이 커서 효과적인 조기 치료가 강조되고 있다.

우리나라는 노인을 위한 여가나 오락 시설이 충분하지 못하다. 이러한 현실에서 노인과 노인 가족의 무료함과 권태가 더욱 커진다. 하지만 노인과 젊은 자녀 모두 비동거의 독립적 생활을 선호하는 경향이 증가하고 있다. 이에 따라 소외와 고독은 더욱 사회적 문제가 될 것으로 보인다.

많은 남성의 경우 은퇴 전에는 사회적 관계를 중시하고 가족 관계를 소홀히 하는 경향이 있다. 노인이 되면서 먼저 재조정해야 할 관계가 가족 관계이다. 은퇴 후에는 가족에게 소외감을 느낄 수 있으므로 가족과의 친밀한 관계 형성을 위해서는 변화와 진심 어린 노력이 필요하다. 또한 노년기에 접어들면 남성과 여성의 역할 전환이 일어난다. 점차 여성은 남성화되고 남성은 여성화되어 가사 일에 간섭하게 되면서 부부 갈등의 단초가 되기도 한다.

욜드와 액티브시니어

욜드YOLD는 젊게 사는 시니어를 말한다. Young과 Old가 결합한 말이다. 은퇴 후 새로운 삶을 찾아 나서는 65세부터 75세까지의 노년층 세대다. 장수 국가 일본에서 최초로 만들어져 전 세계에서 통용되는 용어다. 이들은 넉넉한 자산을 가져 정기적인 건강관리, 필수적인 운동으로 사회 활동을 영위하며, 독립적이고 주체적으로 산다. 자신만의 삶을 지향하면서 라이프스타일을 꾸려 나간다.

자신을 실제보다 5~10년 젊게 생각하여 다양한 취미를 즐기며 적극적으로 인생을 개척해 나간다. 높은 구매력과 활발한 소비 활동으로 오프라인과 온라인 시장을 주도해 나간다. 욜드는 자유롭게 취미나 여러 관심사를 즐길 수 있는 시기다. 젊은 시니어 삶은 인생의 마지막 단계에서 많은 기회와 도전을 부르고 있다. 그러기 위해서는 먼저 마음의 문을 열어야 한다.

노인은 많은 보호를 받아야 고령자, 고령을 준비하는 시니어로 나누어 볼 수 있다. 시니어도 젊은 시니어, 액티브 시니어가 있다. 이들은 왕성한 경제 활동을 한다. 금융과 재테크에 관심이 높고, 은퇴 후에도 일에 대한 열정이 높다. 일에 적극적이고 도전적이고 능동적이다. 관심 분야에 대한 전문적인 정보들을 인터넷을 통해 취득하며, 모바일 결제를 선호하기도 한다. 디지털 환경에 대한 수용성이 높다. 공연이나 전시회에 적극적으로 참여한다.

자신이 액티브 시니어인지 자가 진단을 해 보자.

1. 스스로를 실버세대라 칭하는 것을 원치 않는다

2. 소비에 대한 거부감이 없으며 취향이 젊은 편이다.

3. 추구하는 디자인과 스타일이 있다.

4. 손자 손녀 주위 사람들에게 선물하는 것을 즐긴다.

5. 건강관리에 관심이 많다

6. 일에 대한 욕심이 많다.

7. 나를 위해 투자하는 것은 아끼지 않는다.

8. 은퇴 이후에도 일을 계속하고 싶어 한다.

이 중에서 3개 이상이면 액티브 시니어라 볼 수 있다.

행복한 노후를 위한 소망

노후에도 인간답게 생활할 수 있는 권리가 있다. '노인이란 이유로 인간의 존엄성을 차별받지 않을 권리'가 중요하다. 저출산과 고령화 시대에 노인들의 인권을 위해서는 무엇보다 건강 서비스 복지가 중요한 이슈다. 적절한 의료서비스와 사회적 건강관리 프로그램이 노인의 기본권을 지켜주는 기반이다. 삶의 질은 건강에 달려있기 때문이다.

노인의 자립을 위한 경제적 안정도 필요하다. 이를 위한 정책적 지원이 있어야 한다. 경제적으로 취약한 노인들을 위한 사회안전망이 구축되어 경제 활동을 지원해야 한다. 독거노인 문제 해결을 위한 커뮤니티 센터나 노인복지 시설 기능이 강화되어야 한다. 노인들에게 교류 기회를 제공하고, 거동이 어려운 노인들에 대한 점검이 시스템화되어야 한다.

노인 중 일부는 자신을 돌보지 않을 뿐만 아니라 돌봄을 거부하며 스스로 생명을 위험에 빠트리기도 한다. 먹지도 않고 아파도 치료를 받지 않으며 죽음을 불러오는 경우도 있다. 다수가 사망에 이르기도 한다는 보도가 있다. 고령자의 수면 패턴은 젊은 층과는 다르다. 총 수면 시간이 줄어들고, 자주 깨는 현상이 반복되어 세심한 관리가 필요하다.

2. 나를 사랑하는 이유, 나의 얼, 송간을 찾아서

南道 정자 기행(481) 절개의 숨결이 머무는 곳(西山亭)

핑계 없는 무덤 없듯이 이유 없이 지어진 정자도 없었다. 악연을 은혜라 했던가! 우리는 살아오는 동안 많은 인연의 꽃씨를 뿌리며 살아야 했다. 조선 초기 수양의 쿠데타가 없었다면 고흥 송씨의 시조인 송간 할아버지는 고흥에 내려오지

않았을 거다. 인연의 오묘함 여러 연원들이 어우러져 지금의 나로 이어지고 있다.

정순왕후를 품으며

　서울 창신동 동망봉 아래에 청계천 "영도교"에는 단종대왕과 정순왕후가 먼발치에서 마지막 이별을 하고 다시는 만나지 못하여 그리움의 한이 서린 '이별의 다리'가 있다. 조선시대를 통틀어 왕후들 중 가장 불운했던 정순왕후, 매년 6월은 단종대왕과 이별 후 64년간을 홀로 살다 간 비운의 왕비 정순왕후의 추모식이 이곳에서 거행된다.

　오늘은 유유히 흐르는 역사를 거슬러 참혹한 순간의 아픔을 겪은 정순왕후를 만나는 날이다. 세조에 의해 궁에서 쫓겨난 후 정순왕후는 이곳에서 모진 세월을 보냈다. 세조가 식량 등을 보내왔지만 정순왕후는 세조가 보내온 식량을 거절하고 손수 한복 저고리 끝동에 자주색 물감을 들여 숭인시장에 내다 팔아 생계를 이어갔다. 정순왕후다운 굳은 절개는 나를 포함한 우리 가문의 명예요, 자긍심이다.

　비운의 정순왕후는(1440~1521) 송현수의 딸로 여산 송씨 가문이

었다. 충강공 송간은 정순왕후를 배출한 여산 송씨 가문, 단종의 왕명을 받고 순무사로 남방을 순시하고 돌아오는 차에 단종의 유배 소식을 듣는다.

고흥이 시조인 충강공 송간은 한국인명대사전에는 고려 중랑장의 손자로 세종, 문종, 단종 3조를 섬겨 형조 참판 가산 대부였다. 충신과 절신을 간단히 충절을 지키는 신하라고 생각해 보았다. 나라를 위해 몸 바쳐 개인의 희생도 불사하는 충신과 불사이군의 정신을 철저히 몸소 실천하여 후대에 귀감이 되고 있다.

계유정란과 단종의 폐위 그리고 복위 운동과 관련하여 숙청된 인사들도 많았지만 이때에도 단종의 절의를 지켜 세조 조정에서 벼슬을 단념하고 호남이나 각 지방으로 낙향 그중에서 여산 송씨와 고령 신씨 등이 고흥군 동강면 마륜리 마서부락으로 낙남하였다. 마서마을 가장 높은 곳에 자리한 팔각정이 송간 할아버지의 누각이다. 이 팔각정은 1970년대에 지어져 1984년에 문화재 (110)호로 지정되었다.

오로지 일편단심 충절밖에 모르던 송간이 수양이 왕위를 찬탈했다는 소식에 땅을 치고 하늘을 우러러 분개하다 울화로 마침내 병을 얻어 선산인 여산에서 울적한 나날을 보내던 차, 단종이 논산으로 강등되어 영월로 유폐당했다는 소식을 듣는다. 송간은 병석을 박차고 일어나 즉시 영월로 달려가 청령포에서 며칠간 머물면서 기회를 엿보고 있다가 마침내 그 앞에 엎드려 그동안 순무했던 전말을 눈물로써 아뢰었다. 그러자 단종은 충성스러운 노신을 염려한 나머지 눈물을 흘리면서 등을 돌려 물러 나갔다. 그 비분함을 참을 길 없던 송간은 주위를 돌아보지도 않고 대성통곡하다가 경비원(守校)에 발각되어 참변을 당할 뻔했으나 송간의 충성심에 감동한 나이 많은 수교가 기지로 구해주어 가까스로 위기를 모면하였다. 여산으로 돌아온 송간은 모든 인연을 끊고 문밖을 나가지 않았으며, 세조가 형조 참판으로 제수하여 송간을 불렀음에도 벼슬길에 나가지 않았다.

변방의 유폐지에서 가냘픈 생명만을 외로이 지탱하던 단종은 그마저도 허용되지 않아 마침내 시해를 당하였고 충성스러운 그곳 호장인 엄흥도가 죽음을 무릅쓰고 버려진 단종의 유해를 거두어 장사를 치렀다. 이토록 비통한 단종의 사망 소식을 전해 들은 송간은 복상을 깍듯이 치른 다음 계룡산에 들어갔는데 하늘의 뜻인지 엄흥도 역시 단종의 유물인 어포를 모셔 계룡산에 와 있었다. 송간은 김시습 등 8인과 함께 곤룡포 자락으로 초혼하여 1458년 위령제를 올렸다.

그 후 혹독한 탄압으로 충신들은 동학사에서 더 머무를 수 없어 사방으로 흩어지게 되었다. 송간 할아버지는 단종의 명을 받아 순무사로 호남지방을 순무할 때 지금의 마서를 눈여겨봐 두고는 마서로 내려와 은둔 생활을 하였다. 지금 정자가 지어져 있는 그 뒤 자리에 조그마한 띠집을 짓고 자호를 서재라 지어 두 아우와 아들 5형제가 모두 다 벼슬을 버리고 이곳 마서에서 살았다. 고흥 송간 할아버지는 여산 송씨의 입향조가 되었다. 송간 할아버지가 사셨다는 그 집터는 어린 시절 놀이터였다. 송간 할아버지는 띠집에서 많은 인재를 배출해

내셨고 책을 많이 쌓아놓고 공부만 하셨다 하여 우리 마을은 지금까지 서적굴이라 불리고 있다.

송간 할아버지는 큰 고개 작은 고개를 오르내리며 미친 듯이 통곡을 하셨고 사람들은 송간을 미쳤다고 했다 한다. 더욱이 상황의 기일을 맞으면 산정에 올라 상황의 유해가 묻힌 북쪽을 향해 요배하며 처절하게 울부짖으니, 까닭을 모르는 마을 사람들은 실성한 노인으로 오인할 정도였다. 충의로 점철된 송간의 생애에 관한 글과 사적은 당시 세태로는 일부러 감추지 않을 수 없었고, 또 여러 차례 의병란으로 인하여 제대로 보전되지 못했다. 당시 피신해 내려오다 임실에 주저앉았던 종재 돈학 공경원에게 보낸 몸소 쓰신 두 통의 서간이다.

창량의 흐르는 물에 발을 씻었던 송간과 김시습

고흥의 재동서원 주벽의 위패가 둘이다. 좌측이 충강공 서재이고 우측이 청간공 매월당 김시습, 송간과 김시습이 나란히 서 있다. 재동서원은 주벽 2위 외에 좌우로 임진란 때 충신 9위와 효자 4위를 배향하고 있는 여산 송씨의 문중사당이 그 뿌리다. 말하자면 송 선생이 주고, 김 선생은 객인 셈인데 무슨 연유로 김 선생이 남의 집 안방에서 대접을 받고 있을까? 정승 허조가 다섯 살 아이를 앞에 두고 내가 늙었으니 "노 자를 가지고 시를 지어 보아라." 하기에 곧바로 "늙은 나무에 꽃이 피었으니 마음은 늙지 않았네."라고 답하여 세상을 놀라게 했다. 이는 '오세동자' 김시습이 아니던가?

'義同道合地又相醜' 서원지의 매월당 봉안문에 나오는 대목이다. 실마리는 여기에 있다. "의가 같고 도가 합쳐지며 처지 또한 서로 비슷하니…" 이 원문 여덟 글자가 우리를 500년 전 단종애사 시대로 인도한다.

"물은 곱고 산은 깊고 달은 밝사오니 하늘에 납신 임금의 영현이시여 내림하사이다. 가엾으신 성은이 망극하옵기에 석철을 본받아 임금의 의관과 궤장을 갖추어 단을 모아 제사 지내오니 회계산 위에 대우사의 제사의식을 인용함으로소이다. 산과와 천어를 차려 추부를 곡하며 눈물로 혼을 부르옵나이다. 비록 예는 미흡하오나 의리는 있사옵기에 감히 청하나이다. 흠향하옵소서." 이 자리는 1457년(세조3년) 늦가을 계룡산 동학사. 신라가 고려에 망했을 때, 고려가 조선에 망했을 때 순국한 혼들을 위해 유불이 함께 제를 지내던 동학사는 그래서 동학사(東鶴寺)이기도 하고 한편으로는 동학사(東鶴祠)이기도 하다.

어찌 김시습이 송씨 문중인 재동서원에 나란히 서 있는지 이제야 이해가 간다. 둘은 다르면서 같다. 김시습은 2천여 수가 수록된 '매월당 집'과 '금오신화' 등 방대한 저술을 남긴 반면, 송간은 어떠한 시문도 남기지 말라는, 문중에 전하는 간찰 딱 한 문장을 남겼다는 점에서 둘은 다르지만 창랑의 물이 맑으면 갓끈을 씻고, 창랑의 물이 흐리면 발을 씻었다는 점에서 같다. 계유정난 이후 벼슬을 초개처럼 던져버리고 세조의 조정에 복무하지 않았으며, 무참히 떠난 어린 영혼을 위로한 뒤 유랑과 통곡과 통음으로 여생을 한 점 등 절의 측면에서 둘은 다르지 않다. 뜻이 같으면 인생의 어느 길목에서 만난다고 하지 않는가.

단종은 사후 241년이 지난 1698년(숙종 24년) 申奎의 상소에 의해 복위되었다. 김시습은 다시 80여 년이 흐른 1782년(정조 6년) 생육신에 포장되어 이조판서에 추증된다. 이때 성균관 유생 한덕보에 의해 송간의 충절도 평가되어야 한다는 주장이 제기되었다. 송간은 그로부터 10년 뒤 1792년 자헌대부 의정부 좌참찬 겸 의금부사로 증직되고 충강이라는 시호를 받았다. 이어 50년이 흐른 1846년 의동도 합한 매월당 김시습을 동배하라는 성균관의 통문에 따라 합설봉안하기에 이른다. 동학사에서 초혼제를 지낸지 389년만의 일이다.

"어떠한 시문도 남기지 말라"는 송간의 유지 때문인지 후손은 무신들이 많이 나왔다. 재동서원에 배향된 송간의 칠세손 송대립, 송희립, 송정립 삼형제를 비롯하여 임진란과 정유재란에서 수군으로 참전한 후손장군들이 66명에 이른다. 이 중 대립 장군은 정유재란 마륜리 첨산전투에서 여러 척의 배를 타고온 왜군을 용감히 무찔렀고, 둘째 송희립 장군은 그 유명한 노량해전에서 이순신 장군 막하로 참전, 이순신 장군이 탄환에 맞아 전사한 직후 죽음을 알리지 않은 채 대신 깃발을 잡고 북을 두드리며 분투하여 마침내 적 함대를 격파시키고 전투를 승리로 이끈, 우리 역사에 생생하게 기록된 인물이다. 그 성과가 커 전라좌도수군절도사가 되었다. 세째 정립 장군은 고흥에서 용감히 싸우다 전사하였고, 대립 장군의 아들 송심 장군은 1614년 병자호란 때 함경남도 남산역 전투에서 순절, 벼슬로는 순절통 정사 대부 승정원과 승지 겸 경연 참찬관으로 승직하였다.

지금도 우리 마서 마을에는 위 장군님의 정문이 있으며 팔각정에 서면 저 건너 보이는 곳에 송희립 장군의 서재동이 있고 송대립 장군과 그분의 아들 송심 장군의 쌍충 정려각은 동강면 매곡리에 있으며 전라남도 기념물 110호로 지정 보존 중이다.

송간의 충절에 대해 정조는 자헌대부 의정부 좌참찬 겸 의금부사로 증직하고 忠剛이라는 시호를 내렸다. 충강공 서재 송간의 묘는 벌교읍 척령리 원동에 있으며 제각인 영보제는 1800년에 후손들이 세웠다. 영보재 입구에는 종 2품 이상의 벼슬을 한 사람의 무덤에 세우는 신도비가 2기 있다. 송간 선생의 행적을 모은 『서재실기』는 재동서원 유물관에 보관 중이다.

군 관계자는 "이번 문화재 지정 예고로 고흥의 조선시대 무반가문의 임진란기 의병 활동과 조사에 대한 현창을 밝힐 수 있는 소중한 자료"라면서 "고흥군의 호국성지 이미지가 더욱 빛날 것으로 보인다"고 밝혔다.

동강초등학교의 100주년을 축하하며

나는 어릴 때 초등학교가 이 세상에서 제일 큰 집인 줄 알았다. 봄이 오면 초록 물결이 넘실거리는, 그 드넓은 보리밭이 펼쳐져 있는 곳한가운데 산봉오리처럼 동강초등학교는 우뚝 솟아 있었다. 나는 행정상으로는 주소지가 동강면이면서 대서면이 집에서 더 가깝다는 이유로 대서초등학교를 다녔다.

동강초등학교가 나의 모교는 아니지만 동강면은 우리 대대로 나의 조상님의 핏줄과 어머니의 젖줄인 향수가 가득 묻어나는 곳이다. 객지에서 살면서 피곤한 몸으로 고향을 찾아 내려올 때면, 고흥의 대로를 들어설 때마다 첫 입지에 자리한 동강면이 제일 먼저 우리를 반갑게 맞이한다. 북적거렸던 어린 시절의 5일장날은 사람 냄새, 땀 냄새 가득 배어 있던 곳이다. 고흥은 '근현대 역사상 가장 큰 획을 그은 바 있는, 우리나라 민주주의의 대표적인 인물이신 월파 서민호 선생님이 태어나고 자란 땅'이기도 하다.

바로 건너편 보이는 앞산 첨산은 조선 초기 임진란이 지나가고 44년 만에 정유재란이 일어나자 또 쳐들어오는 왜구들이 막아내느라 선조들 중 많은 사람들이 죽어 피바다가 되었다고 한다. 임진란과 정유재란 당시 돌아가신 이름 없는 고흥 장수들만 해도 66분이나 되고 그중 30분의 장군은 봉두산 한곳에 돌무덤을 만들어놓아 모셨다고 우리 할아버지께서 나에게 말씀해 주셨다. 할아버지는 30분의 돌아가신 장군 선조님들의 제를 혼자 올리고 내려오시곤 하셨다. 만약 정유재란 때 첨산에서 이분들이 왜구들을 막아내지 않았다면 우리 역사는 또 어떻게 되었을까? 내가 1971년 대서면에서 편물 가게를 운영하고 있을 때, 그날도 봉두산에서 혼자 제사를 지내고 내려오시다가 손녀딸인 나한데 뭔가 하시고 싶은 말씀이 있으셨는지 찾아와 말문을 여셨다. 그때 좀 더 많은 말씀을 기록해두지 못해 아쉽기만 하다. 할아버지께서 여산 송씨 문장 일을 27년 동안이나 하셔서 고흥뿐 아니라 전국 각지의 여산 송씨 기록을 많이 알고 계셨을 텐데 참 아쉬운 일이다. 그것이 할아버지와 나와의 마지막 대화였다. 지금 할아버지는 곁에 안 계시지만 역사는 남아있다.

위에서 적었듯이 우리 고장에는 송대립 장군과 위시하여 희립 장군, 정립 장군처럼 자손과 후대를 위해 몸소 애국을 실천했던 선조들이 이 지역에서 나고 자랐다는 사실은 커다란 자랑입니다. 사랑하는 동강초등학교 후배 여러분, 앞으로도 이백 년 삼백 년이 지나도록 위대한 조상님들의 얼을 받들어 자자손손 번창하시고 축복 가득하시기를 기원합니다.

CHAPTER 3

나는 죽어도 포천 사람입니다

| 김은혁 |

포천에 살면서 많은 것을 가졌습니다.
포천을 가졌고 포천사람을 가졌습니다.
이 감사함을 갚으면서 살겠습니다.

KOREA UNIVERSITY INSTITU

학력 및 경력 사항

- 의정부공업고등학교 토목과 졸업
- 현) 대한측량설계사무소
- 현) 거산측량설계사무소
- 현) 멀티투어여행사
- 대진대학교 최고경영자 총동문회 사무국장
- 현) 신한대학교 최고경영자 총동문회 사무처장
- 헌) 의정부 회룡 로타리 봉사위원장
- 2010년 포천청년회의소 JCI 회장
- 2013년 한국청년회의소 JCI 조직관리실 실장
- 포천시 일동면 방위협의회 사무국장
- 고려대 명강사 최고위과정 19기 사무총장

강의 분야

- 생활에 필요한 법률상식 및 여행 이야기

Email 0213cho@hanmail.net

자격 사항

- 2급토목재료기능사
- 측량 고급기술자
- 경기도 신민정원사

저서

- 고려대 명강사 25시(공저)
  - 나는 죽어도 포천 사람입니다

수상 경력

- 국회의원 표창장
- 경기도지사 표차장
- 경찰청장 감사상
- 경기도자원봉사센터 이사장 표창장
- 포천시장 표창장, 의정부시장 표창장

1. 포천 장애인들과 꿈바라기

평상시에 장애인들에 대한 관심이 많았습니다.

나고 자란 곳이 포천이라 포천사랑도 유별나지만

주변의 장애인들을 보면 마음이 아팠습니다.

힘들게 살아가는 모습을 보면서

도울 수 있는 방법이 없을까 고민했습니다.

지역사회 봉사라는 것이 별게 있겠습니까?

작은 관심 하나가 시작인 것이지요.

예전에는 장애인 시설이 열악했습니다.

아니 장애인 시설이 없었습니다.

2008년에 포천에는 장애인학교가 없었습니다.

그래서 일반학교에 분산 배치되어 있었습니다.

그래도 훌륭한 선생님이 계셨습니다.

포천중학교에 이원철 선생님이 그 주인공입니다.

선생님은 장애인에 대하여 특별한 애정을 갖고 계셨습니다.

당시 각 학교로 분산된 장애인을 모아서

한 달에 한 번씩 행사를 하고 있었습니다.

80명이나 되는 장애인을 데리고 이천이며

고양이며 먼 곳까지도 데리고 가서 견학을 시키며

우물 안에 머물지 않고 시야를 넓히도록 북돋아주었습니다.

어쩌면 이분과의 만남이 저를 변화시켰는지 모릅니다.

2008년 어느 날 선생님이 저를 불러 도움을 요청했습니다.

한 달에 한 번씩 장애인 견학 일에 도와줄 수 있는지 물었습니다.

80명이나 되고 휠체어도 끌어야 하니

인력이 필요했던 것이었습니다.

머뭇거릴 이유가 없었습니다. 즉석에서 하겠다고 답을 했습니다.

당시 저는 포천에서 기업인 모임 회장을 맞고 있었습니다.

회원들을 설득하여 장애인도우미가 되었습니다.

이때부터 장애인들과의 인연이 시작되었습니다.

한 달에 한 번씩 보다보니까 친숙한 장애인도 생겼습니다.

한번은 장애인에게 질문을 했습니다.

이왕 갈거면 좋은 데 가자는 심산으로 "다음 달에 어디 가면 좋겠냐?"고 물었습니다.

휠체어에 앉아있던 그 아이는 "공을 차고 싶다."고 말하는 것이었습니다.

순간 멈칫했습니다. '다리가 불편한데 어떻게 공을 차지?'

다시 물어보니 속뜻이 달랐습니다.

체육대회를 하고 싶었던 것이었습니다.

중학교나 고등학교에서 하는 체육대회를 하고 싶은 것이었습니다.

장애인이라 학교 체육대회에서 늘 제외되어서 갈증이 났기 때문입니다.

얼마나 부러웠을까요? 그 마음을 알고 나니 먹먹했습니다.

우리의 작은 움직임도

누구에게는 엄청난 도전이라는 것을 새삼 느꼈습니다.

장애인끼리 모여서 체육대회를 하고 싶다는 그의 속뜻을 알고 나서 어떻게 하겠어요? 이리 간절한데~~~

당시 2013년이었는데 선뜻 약속을 하고 말았습니다.

체육대회가 꼭 열릴 수 있도록 도와주겠다고 선언을 하였습니다.

당시에는 아무 준비도 되어있지 않았는데도 확답을 하고 말았습니다.

저는 포천에 있는 대진대 최고경영자과정을 이수하였고

2014년 대진대 최고경영자과정 총동문회 기획국장을 맡고 있었습니다.

모임이 자주 있었습니다.

운동도 하고 술도 마시며 회원간 친목을 다지고 있었습니다.

모임이 반복되는 어느 날

모임 회장님이 지역 사회에

의미 있는 행사를 한번 해보자고 하더군요.

와아, 무슨 조화일까요?

지난 해 장애인과 약속했던 일이 번개처럼 떠올랐습니다.

'하늘이 돕는구나~~~'

"발달 장애인 체육대회"개최를 제안했습니다.

집행부와 지역사회 유지의 의견을 받아

행사기획안을 마련하였습니다.

하지만 난관에 부딪혔습니다.

행사주관이 경영자과정인데 취지에 맞을지 예산은 어떻게 마련할지 행사 프로그램은 어떻게 구성할지 각자 의견이 달라서 난상토론이 벌어졌습니다.

임원회의를 통과했지만 정기총회에서 부결되었습니다.

장애인 안전문제가 크게 대두되었습니다.

3번이나 반대에 부딪혀 포기하고 싶었지만

그래도 약속을 했기 때문에 다시 안을 만들었습니다.

장애인과 장애인 부모님의 의견을 받아서 기획안을 만들어 결국 승인을 받아냈습니다.

2014년 6월 대진대 최고경영자과정 총동문회 주관으로
"제1회 포천시 발달장애인 체육대회"를 개최하기로 했습니다.

행사 준비는 일사천리로 진행되었습니다.

당시 강대기 CEO총동문회장등 원우들은 매달 1만원씩 기부하는
천사 운동을 하고 있었는데, 이를 행사비로 쓰기로 했습니다. 행사는
운동회를 하기로 했습니다.

평소 운동에 관심이 많았지만 장애인이 어떤 운동을 할 수 있을까?

장애인올림픽 경기를 보면서 가능한 운동을 찾아보았습니다.

어렵더군요. 그래서 레크리에이션 전문기관에 맡겼습니다.

평소 체육활동이 쉽지 않은 발달장애청소년과의 체육행사!

생각만하여도 가슴 뛰는 이벤트였습니다.

대진대 CEO총동문회 원우 등 350명이 참석했습니다.

또한 포천시, 포천시의회, 포천시교육지원청, (사)새누리장애인부모연대 포천지부, 대한적십자사 봉사회 포천지구 협의회 등의 포천에서 활동하고 있는 거의 모든 단체가 지원을 했습니다.

이를 계기로 포천 지역의 주요기관들의 유대관계가 끈끈해졌고

지역발전을 위해 서로 앞다투어 나서게 되었습니다.

행사 당일 지역 장애청소년과 가족들이 다양한 게임과 운동을 즐길 수 있도록 프로그램을 만들었습니다.

단순한 체육행사가 아니라

포천시의 발달장애청소년들의 사회성을 기르고

자원봉사자와의 만남을 통해 장애에 대한

비뚤어진 편견을 개선하는 계기도 되었습니다.

장애인과 비장애인간의 사회통합을 돕기 위한 소통의 시간이

어쩌면 가장 의미 있는 일일지도 모릅니다.

이날 행사의 마지막 순서로 참여한 모든 장애인에게

상장을 수여하였습니다.

평소에 상장이나 받아보았을까요?

체육행사 후 의미를 부여한 상장을 수여하자 그들은 기쁨과 자신

감으로 가득했습니다.

그들 스스로 대견하다고 여기는 것 같았습니다.

행사참여자들도 저도 가슴이 뭉클했습니다.

소아마비로 다리를 절뚝거리는 아이가 어머니에게 다가가

"엄마 나 일등이야" 하면서 어머니에게 상장을 보여주던 그 모습과

두 모자가 부둥켜안고 우는 모습을 보고 감동이 휘몰아쳤습니다.

게임 중 발달장애인들의 진진한 모습,

게임에 지지 않으려고 애쓰는 열정,

서로 도와가며 단체게임을 이기려는

그 모습이 가슴 깊이 남았습니다. .

그들도 비장애인과 똑같았습니다.

문제는 장애가 아니라 장애를 바라보는 시선이었습니다.

마땅히 장애인이 우리 사회의 동등한 구성원이라고 생각한다면

장애와 관련된 문제는 해결할 수 있다는 생각을 하게 되었습니다.

장애는 장애의 문제가 아니라

다름을 받아들이는 시각의 문제라는 것을

다름을 받아들이는 새로운 시선이 필요합니다.

사람은 완벽하지 않다는 것을 모르는 사람은 없습니다.

대인관계를 톱니바퀴에 비유하곤 합니다.

'나'라는 톱니가 모자란 부분을 '타인' 톱니가 채워주고,

반대로 '타인' 톱니가 모자란 부분을

'나'라는 톱니가 채워서 작동하는 기계처럼 말이죠.

물론 다르기 때문에 완벽히 이해하기는 어려울 겁니다.

저도 지금 그렇구요.

하지만 적어도 양심이 있고 생각이 있다면

함부로 비난하거나 비하하는 말들은 안했으면 좋겠습니다.

"장애인은 다른 거지 틀린 게 아닙니다."

당시 행사에서 가장 어려운 점이 장애인들의 식사 문제였습니다.

일반인처럼 도시락을 먹을 수 없거든요.

식중독 등 위생이 가장 문제가 되었습니다.

다행스럽게도 적십자사에서 운영하는 "밥차"가 있었습니다.

그것도 의정부 포천 연천까지 딱 한 대였습니다.

얼마나 고마운지 모릅니다.

적십자사의 밥차로 식사를 해결하고 나니

행사가 한결 쉬어졌습니다.

정말 감사했습니다.

지금도 행사는 지속되고 있습니다.

코로나시절에야 잠시 멈추었지만

올해도 행사를 준비하고 있습니다.

햇수로는 벌써 11년차이지만 빼먹은 것이 있어 9회 차가 됩니다.

벌써부터 마음이 설렙니다.

그 원초적 미소가 유월 신록보다 아름답거든요.

2. 내가 포천을 사랑하는 이유

포천은 나의 터입니다.

내가 태어나고 내가 살아가는 곳

그리고 내가 죽어도 있어야 할 곳입니다.

나는 포천 사랑입니다.

측량설계사무소를 운영하며 서비스를 제공하고 있습니다.

땅을 사서 집을 짓고 공장을 짓고 식당을 짓는 사람들을 돕습니다.

땅의 용도에 맞추어 측량도 해주고 인허가까지 대행하고 있습니다.

국토이용 및 관리에 관한 법률과 시행령, 건축법, 주택법,

건물을 짓는데 수많은 법률이 적용되고 있습니다.

이뿐인가요? 시도 조례는 눈 뜨고 나면 바뀝니다.

좋은 땅은 어떤 땅일까요? 용도에 맞는 땅입니다.

땅을 사기 전에 먼저 검증을 거쳐야 합니다.

그래야 좋은 땅을 살 수 있습니다.

용도에 맞지 않는 땅은 쓸모가 없습니다.

잘못하면 많은 돈을 잃을 수도 있습니다.

포천은 여행지도 많습니다.

포천하면 이동갈비와 이동막걸리가 떠오르지만

정말 좋은 쉼터도 많답니다.

여행사를 운영하면서 해외에 자주 나갑니다.

가이드겸 필리핀 베트남 태국 동남아는 다 가보았습니다.

그러면서 느낀 점이라면 우리나라도 비경이 많다는 겁니다.

포천에도 비경이 있습니다.

포천하면 먼저 산정호수가 떠오르죠?

연인들의 주말 데이트코스로 최고지요.

산정호수 이야기

아침 물빛이 고요한 산정호수, 서울에서 더욱 가까워졌습니다.

구리 포천 고속도로 완공으로 포천이 수도권이 되었습니다.

서울 중심부에서 80km, 1시간 20분이면 충분합니다.

산정호수에는 주차장도 잘 구비되어 있습니다.

환상적인 산정호수 둘레길, 3.2km의 수변 데크는 꿈길입니다.

아침 해가 물들기 전에 운무가 먼저 호수의 얼굴을 닦습니다.

화장기 하나 없는 명성산을 담고 있습니다.

망봉산 망무봉도 덩달아 아침해를 맞이합니다.

산정호수는 1925년에 축조되어 100년의 세월을 먹었습니다.

원래는 농업 전용의 인공 저수지랍니다.

산정 호수 주변에는 유명 카페와 빵공장이 즐비합니다.

한국전쟁 이전에 이곳에 김일성 별장이 있었다고 합니다.

산정호수는 38선 이북이었거든요.

얼마나 산수가 수려했으면 별장까지 지었을까요?

호수 제방에는 포천의 예술인들의 작품

그림과 시들이 전시되어 있습니다.

다 읽다가는 하루도 모자랍니다.

산정호수에는 달빛마실과 음악분수대가 있고요.

오리배를 탈수도 있습니다. 야경 데이트, 황홀경입니다.

아마 사랑고백이 어려운 분들 여기 오시면 백발백중일겁니다.

낭만닥터 김사부의 돌담병원 촬영지도 있는데요.

문을 열고 김사부가 바로 걸어 나올 것 같습니다.

궁예의 동상과 궁예의 흙길과 소나무 숲길.

시간이 멈춥니다. 생각도 멈춥니다.

주상절리길 이야기

또 하나의 절경은 한탄강입니다.

한탄강에는 고석정이라는 곳도 있습니다.

그보다는 포천 넘어 바로 철원에 있는

주상절리길 가보셨나요?

서울에서 93km, 1시간30분이면 닿을 수 있는

철원군 갈말읍에 있는데요. 한탄강 계곡에 설치된 아찔한 그 물길,

총 연장 3.6km로 왕복 7.2km 편도는

넉넉히 두 시간이면 충분합니다.

입장료는 성인 1인당 10,000원인데요, 철원 지역상품권 5,000원을
돌려줍니다.

이 상품권으로 맛난 음료를 사먹었습니다.

도대체 이 길을 어떻게 만들었을까요?

2년여의 공사 끝에 완공된 절리 풍광길

고소공포증을 느낄 수 있지만

주말마다 전국의 어르신들 다 오십니다.

용암이 식으면서 기둥 모양으로 굳어진 주상절리

현무암층이 수천 개의 기둥으로 서있습니다.

녹음이 우거진 6월, 강물이 넘치는 8월은

계곡의 찬바람이 한참입니다.

여름 더위 시원하게 떠내려갑니다.

여름은 무조건 주상절리입니다.

포천에 살면서 많은 것을 가졌습니다.

포천을 가졌고 포천사람을 가졌습니다.

이 감사함을 갚으면서 살겠습니다.

장애인도 돕고 이웃도 돕고

사람 사는 동네 포천,

나는 죽어도 포천 사람입니다.

CHAPTER 4

당당한 나를 위한 은퇴준비보고서

| 황의천 |

은퇴준비를 하면서 가장 먼저는 강인한 마음가짐이 필요하다. 이와 함께 금융 철학도 동반되어야 한다는 생각이 들었다. 건강, 관계 등 여러 요소가 있지만 핵심은 이들이다.

KOREA UNIVERSITY INSTITU

학력 및 경력 사항

- 미 샌디에이고스테이트 MBA(석사)
- 여의도 은퇴금융테라피 대표
- (전) 라오스증권거래소 부이사장
- (전) 한국거래소 감사실장
- 고려대 명강사 최고위 19기 원우회장/공저위원장

강의분야

- 인문학, 자기개발, 은퇴설계, 노후자산운용, 부모교육, 청렴, 여행, 금융

Email 890366@naver.com

자격 사항

- 투자자산운용사
- 은퇴설계전문가
- 명강의명강사 1급
- 노인교육강사 1급
- 부모교육상담사 1급
- 리더십지도사 1급
- 인성지도사 1급
- 기업교육강사 1급

수상 경력

- 라오스부총리표창 수상
- 금융감독원장표창 수상
- 한국감사협회장표창 수상

저서

- 라오스, 길에게 안부를 묻다
  (2022, 여행 에세이)
- 증권시장의 하루, 작전 꿈도 꾸지마세요
  (2007, 공저)
- 고려대 명강사 25시(공저)
  - 당당한 나를 위한 은퇴준비보고서

1. 50에서 보았던 60은?

　우연이었다. 내가 라오스에 가게 된 것은. 2019년 나는 라오스에 갔다. 한 번도 가본 적이 없던 나라, 지구상에서 가장 빈곤한 나라, 그리고 아주 더운 나라. 떠밀리듯 나는 라오스에 갔다. 그 당시 내 나이 55세. 아무런 걱정이 없던 나에게 본격적인 시련이 시작되었다.

　그래도 나는 운이 좋은 편이다. 우리나라 평균 퇴직 연령이 50도 아닌 49세인데, 55세에 해외 주재원근무를 받았으니 어떻게 보면 행운이다. 그것도 한국과 라오스 합작거래소인 라오스증권거래소의 부이사장으로 갔으니 원하는 사람에게는 로또일 수도 있다. 하지만 그땐 그렇게 생각하지 않았다.

　갑자기 들이닥친 코로나 시대, 나는 3년 중 2년을 갇혀서 살았다. 아니 한국에 돌아와서도 갇혀 있었다. 낯선 환경에 겨우 적응할 무렵

이었던 2020년 3월, 코로나가 라오스를 강타했다. 아무데도 갈 수 없었다. 나의 유일한 산책 코스인 메콩강변도 군인들이 바리케이트를 치고 막았다. 말할 사람도 없었다. 혼자 말하고 혼자 대답하는 시간이 노을보다 길어졌다.

어둠이 내려도 안부를 물어주는 사람이 없었다. 특히 주말이면 온종일 한마디도 나눌 사람이 없었다. 만만한 게 흙먼지 풀풀 날리는 신작로였다. 길아 너는 안녕한가? 지붕 위 구름에게도 물었다. 나뭇잎에 앉은 바람에게도 물었다. 길 중앙에 염불하는 염소에게도 물었다. 물으면 그들은 대답하였고, 나는 받아썼다. 그들과의 우문을 책으로 엮었다. 『라오스, 길에게 안부를 묻다』가 나왔다.

50대 후반에 내가 느낀 60은 무엇이었을까?

멀게만 느껴졌던 60이 눈앞에 다가오니 깜깜했다. 먼저 두려움이 었다. 60이라는 나이를 감당할 수 있을까? 회사를 떠나는 나이다. 정기적인 소득이 사라지는 소득절벽이다. 직장이라는 테두리에서 너무 안주하며 살았는가? 아니다. 나는 정말 열심히 살았다. 직장 이외 다른 것을 볼 겨를이 없었다. 하지만 30년 넘게 다닌 직장은 나에게 어떤 인생의 훈장도 남겨주지 않는다. 그동안 먹고 살았으면 된 것이라고, 은퇴 이후에는 어떤 보장도 하지 않는다.

백세 시대라는데… 직장생활하면서 고작 집 한 채, 국민연금 하나가 다다. 주변 동료와 이야기해보니 집이 두 채인 사람, 금융자산이 수십억인 사람도 있었다. 재취업에 성공한 사람도 있었다. 방향을 잡기 위해 그들과 술을 마시고 이야기를 나누었지만 위로가 아니라 부러움이 되어 나는 도대체 무얼 했나 자책하게 되고 자괴감이 들었다.

불안감도 더욱 커졌다. 나는 준비가 되어있지 않으니까. 은퇴 이후 어떻게 살 것인지 궁리하지 않았다. 무엇을 하며 살 것인지 계획이 없었다. 하지만 다행스럽게 나는 라오스에 있었다. 인생을 되돌아볼 간이역에 있었다. 외롭고 고단했지만 그 시간이 밑천이 되었다. 마음의 근육이 단단해진 시간이었다. 그 시간 동안 쌓은 고뇌, 그것이 나의 은퇴준비보고서가 되었다.

2. 나에게 은퇴준비보고서란?

먼저 나의 객관화된 방향 설정이 필요하다

60 이후 내가 할 수 있는 것이 무엇인가? 아니 내가 하고 싶은 것이 무엇인지 알고 싶었다. 나 자신을 냉철하게 바라보기 시작했다. 나의 재정 상태를 살펴보고 그리고 도대체 나는 어떤 사람인지 분석해 보았다.

그래도 나는 다행스러운 편이다. 개인연금, 퇴직연금, 국민연금 '3층 연금'을 가입한 세대다. 뭣도 모르고 가입했다. 단지 세액공제를 받으려고 떠밀려 가입했지 노후 준비를 하려고 했던 것은 아니었다. "어" 했는데 "아"가 되었다. 최상의 준비는 아니어도 중급 이상의 준비는 된 것이다. 월 몇 백 만원의 생활비는 확보한 셈이니까. 하지만 우리 인생에 변수는 너무 많다.

나는 보릿고개, 산업화 시대와 한반도 부의 축적 시대를 경험했고, 아궁이부터 마이크로웨이브까지 수많은 추억을 지닌 이야기 저장고다. 시골생활부터 시작한 무궁무진한 소재가 내장된 인류사다. 나는 나를 풀어내면 되는 것이다. 가난과 아픔도 많았다. 그래서 글을 쓰기 시작했다. 그것으로 아픔을 달래기도 하였다.

나는 평생 일하고 싶다는 것도 알았다.

'죽을 때까지 뭔가를 하고 싶구나. 진짜 죽을 때까지 할 수 있는 일을 찾자 한쪽에 처박혀 놀거나 쉬고 싶은 것이 아닌, 놀더라도 세계를 누비고 놀고 싶다.'

이제 방향은 정해졌다. 내가 할 수 있는 것, 내가 하고 싶은 것이 분명해졌다.

나를 키워드 하다

이제 우리나라는 노인 천만 명의 초고령사회다. 일자리 리스크, 소득 리스크, 자식 리스크, 건강 리스크, 배우자 리스크, 장수 리스크… 끝없는 리스크가 몰려오는 시절이다. 문제를 보면 문제만 보인다. 실제 일자리에서 떠나는 나이가 평균 72세란다. 좋은 것이 없으니 살고 싶은 이유가 별로 없다. 노인 자살률 세계 1위, 노인 빈곤율 1위, 우울증 지수 1위, 고독사… 살아야 할 이유가 별로 없다.

희망을 보아야 희망이 있다. 없어도 당당해야겠다. 준비가 안 되어 있어도 당당해야겠다. 리스크가 많아도 당당해야겠다. 늙어도 당당해야겠다. 가난해도 당당해야겠다. 당당한 나를 위해 7계명을 새겼다. 돈도 중요하다. 건강도 중요하다. 우선 마음 부자가 되기로 했다.

나는 금융권에 30년 넘게 있어 금융지식을 쉽게 접하였다. 지식을 넓히려고 자격증도 취득하였다. 하지만 우리나라는 금융 문맹률이 아주 높다. 1년에 금융사기만도 조 단위다. 자본시장의 주가조작기법은 세계 원탑이다. 예전에 대검과 중앙지검에서 강의를 했던 적이 있었다. 주가조작단을 해외 수출 하여 세계금융시장을 지배하면 어떻겠냐고 우스갯소리를 한 적이 있다. 그래서일까? 주가조작단이 이제는 미국시장도 들락거리고 있는 것 같다.

은퇴를 앞두고 꼭 알아야 할 핵심 금융지식의 가닥을 정리했다. 소비, 금융사기, 연금 등 4가지 금융 철학, 은퇴 이후 나를 지키기 위한 금융 기초다. 계속 공부해야 한다. 모르면 언제 내 것이 사라질지 모

른다. 증식이 아니라 소멸을 막는 방법이다.

　은퇴준비를 하면서 가장 먼저는 강인한 마음가짐이 필요하다. 이와 함께 금융 철학도 동반되어야 한다는 생각이 들었다. 건강, 관계 등 여러 요소가 있지만 핵심은 이들이다. 나를 당당하게 만드는 은퇴준비보고서다.

3. 대한민국 50대~60대의 특별한 DNA 4가지

첫째, 베이비부머의 인구 폭발 시대를 겪다.

대한민국 60대는 2023년 말 기준으로 인구의 14.92%, 800만 명이 넘는다. 지금 60년대 생, 60대가 거리로 쏟아져나오고 있다. 1950년 대 후반에서 1960년대에 걸쳐 태어난 베이비부머 세대가 정규 직장을 떠나고 있다. 형제자매만 해도 보통 대여섯 명이 넘던 대가족 형태에서 2인의 핵가족을 거쳐 1인의 단독가구까지 경험한 60대다. 2023년에는 1인 가구 비중이 34%를 넘어섰다.

비생산 활동 인구는 2025년이면 1천만 명을 초과한다. 전체 인구의 20%가 넘어 초고령사회로 진입하게 된다. 세계에서 가장 빠른 속도로 늘어가고 있다. 어제의 50대, 오늘의 60대의 움직임에 따라 부동산과 금융자산이 출렁거렸고 주거, 음식, 의류 등 사회 전반에 커다란

격변을 겪었다.

둘째, 문화적 대 혼돈을 갈등한다.

반세기 걸친 한반도의 문화적 충격, 이런 충격이 또 언제 있었을까? 불과 몇십 년 전만 해도 구들과 아궁이 문화를 겪었고 나무로 아궁에 불을 지펴 밥을 해먹고 겨울을 지냈다. 고조선 시대와 삼한시대부터 내려온 문화를 경험한 것이다. 지금은 전기가 지배하는 에너지 혁명기다. 5~60대는 이 두 가지를 모두 경험했다.

유선전화도 없던 시대였다. 전보와 전신의 시대였다. 눈 깜짝할 사이 무전기가 스마트폰으로 일상화되는 시대가 왔다. 통신의 대혁명과 4차 산업혁명을 겪고 있다. TV도 없다가 손바닥에서 실시간 골프 중계를 보고 있다. 지구 반대편에서 얼굴을 보고 어서 오라 손짓한다. 내가 인간인지 로봇인지 자주 확인을 받는다.

유교문화에서 개인문화를 거쳐 기생충 문화까지. 어른을 공경해야 했고, 누구나 간섭을 했던 골목 문화 시절, 버릇이 없다고 어른들에게 혼쭐나곤 했다. 하지만 지금은 간섭 받기 싫어하는 시대다. 부모를 부양할 책임을 져야 했지만 이제 우리 자식들에게는 부양의 의무도 사라졌다. 결혼은 선택도 아닌 껌딱지다. 스스로 벌어서 알아서 죽어야 하는 자기 봉양 시대가 되었다.

삶의 경험에서 우러난 이야기마저 꼰대GGONDAE라고 깎아내린다. 민주화 투쟁과 산업화의 선봉에 선 세대다. 개인보다는 단체, 개성보다는 단결을 중요시한 마지막 막걸리 세대다. 선생님에게 회초리를 맞고 벌을 받아도 찍소리 하지 못했다. 잔소리만 듣고 자란 5~60대가 그 잔소리를 하면 꼰대라고 폄하되는 양면충돌의 샌드위치 세대가 되었다.

셋째, 한반도 최초로 부를 축적하다.

역사적으로 한반도는 춥고 가난했다. 일부 양반과 만석꾼 정도는 부자였는지는 모르지만 일반 대중은 늘 헐벗고 못산 것이 한반도의 운명이었다. 중산층이나 서민층이 잘산 시기는 한 번도 없었다. 1760년대 영국의 산업혁명이 한반도에는 200년 늦게 들어왔다. 70년대 본격화된 산업화로 겨우 가난에서 벗어났지만 곧바로 IMF외환위기를 겪었다. 그 후 한반도 최초의 부의 축적 시대가 도래했다.

60년대 보릿고개를 넘고자 70년대 국가 목표는 쌀밥에 소고기국이었다. 80년대 목표는 TV와 냉장고였다. 90년대 목표는 자동차였다. 그리고 노후를 생각하기 시작했다. 1988년에는 국민연금이 도입되었다. 100년 전 독일에서 도입된 연금제도가 비로소 도입되었다. 1993년에는 개인연금, 2008년에는 퇴직연금이 차례로 도입되어 3층 연금구조가 완성되었다. 최초의 선진국형 연금보장세대가 되었다.

넷째, 가장 젊은 대한민국 액티브 시니어가 되다.

연륜과 경험으로 노하우가 가장 충만한 시기다. 연금 부자가 있는 반면 연금 거지도 있다. 금융자산보다는 아파트 등 부동산의 자산 보유 비중이 높다. 전체 자산의 70~80%가 부동산이라고 한다. 여행과 골프, 소비의 트렌드를 이끌고 있다.

　삶의 근본적인 질문과 성찰에 직면했다. 환갑 잔치를 해야 할 이유도 사라졌다. 가장 많은 교육 혜택을 보았던 세대가 왜 사는지 답을 구하려 다시 학교에 간다. 방통대에 가고 사이버대에 가고 평생교육원에 가고 신문사에 가고 복지관에 가고 산에도 간다. 경제적 사회적 존재를 넘어 문화적 중심에 서려고 웅성이고 있다.

　한편 은퇴를 했지만 일을 하고 싶은 60대도 많다. 20대보다도 더 많은 사람이 취업시장에 뛰어들고 있다. 60대의 월평균 소득이 20대의

소득을 추월했다고도 한다. 대한민국이 다시 한번 뛰고 도약하려면 60대가 가만있으면 안 된다. 인구 감소기에 60대는 일할 나이다. 직장을 떠나 평생 장인이 될 때다. 당당하게 한국을 넘어 지구를 흔들 때다.

50대에서 60으로 향하는 마음가짐, 그래야 60을 건강하게 맞이할 수 있다. 60은 인생의 전성기다.

4. 당당한 은퇴를 위한 마음 새김 7가지

"움츠리지 말고 세상을 탐독하라!"

꿋꿋한 60대가 되기 위고자 하는 이들을 위한 '7가지 마음가짐'을 소개한다.

첫째, 미움 받아도 될 나이다.

50대 후반이면 대부분 조직을 떠난다. 설령 조직에 있다 해도 승진과 연봉에 연연할 나이인가? 누군가 싫은 소리를 해도 넘어가도 될 나이다. 타인의 평가나 미움을 두려워할 이유가 없다. 그럼에도 무엇인가 도전할 때 잘될까 하는 걱정보다 혹시 손가락질 받지 않을까 하는 걱정이 앞선다.

세상은 타인에게 별로 관심이 없다. 쪽팔린다고 생각하는 사람은 단지 나 혼자다. 지하철 계단에서 넘어져 코가 깨져도 기억하는 사람은 없다. 단지 나만 혼자 창피해서 아파도 피를 감추고 뛰어갈 뿐이다. 관심도 없는 타인을 너무 의식하며 살았다.

누군가 나를 미워한다면 내가 아픈가? 미워하는 마음을 가진 그가 아픈 사람이다. 그가 나를 미워하는 것은 그의 자유다. 내가 어떻게 할 수 없는 경계 너머다. 신도 그를 어떻게 할 수가 없다. 그 미움 속에 나를 가두어 둘 필요는 없다. 타인의 미움에서 나를 해방시켜야 한다. 그럼 속이 편하다.

미움 받을 용기가 필요한 것이다. 다만 내가 남을 미워하면 안 된다. 남을 미워하는 내 마음이 악해진다. 나답게 살려면 타인을 미워하지 말자.

둘째, 눈치 보지 말고 당당해라.

얼마나 눈치를 보면서 살았던가? 대가족에 4촌, 8촌을 넘어 친인척까지, 콩나물 교실에서도 마룻바닥에서도, 부장실에서도 사장실에서도 아니꼬운 갑질을 참아냈다. 인생 전체가 눈치 아니던가? 생존형 눈치는 이미 백 단을 넘었다. 눈이 처지지 않은 60대가 없는 이유다. 나이 들면 다 그래서 눈꺼풀이 두꺼워진다. 어깨가 움츠러들지 않은 60대가 없다. 지금껏 그렇게 살아왔기 때문이다. 이제 그럴 필요가 없다.

불쌍해 보인다고 도움을 주는 세상도 아니다. 거지도 매너가 있어야 동냥을 받는다. 거지도 깡통을 깨끗이 닦아야 하는 세상이다. 타인에게 피해를 주지 않는다면 당당하지 않을 이유가 없다. 실수였다면 피하지 말고 당당히 사과하라. 경험과 지혜가 있지 않은가? 허리를 꼿꼿이 세워라. 지금이 가장 멋진 옷을 입을 때다.

셋째, 외로움을 즐길 줄 알아야 한다.

외로움은 선물이다. 혼자 가면 빨리 가고 둘이 가면 멀리 간다 했다. 멀리 가고 싶은가? 60부터는 제대로 가야 한다. 120세든 80세든 제대로 살아야 하지 않는가? 동창회다 동호회다 쫓아다니며 살 것인가? 둘이고 셋이 모이면 말을 해야 하고 말을 들어야 한다. 외로울 시간도 없으니 좋은가? 그러나 집에 돌아오면 결국 혼자다.

깊은 사유는 혼자 있을 때 나온다. 창작을 하고 난제를 풀 때는 언

제나 혼자였다. 하버드 연구소는 사회적 관계가 행복을 결정짓는다고 했다. 하지만 어울려야 즐겁다는 단순한 사고에서 벗어나야 한다. 어설픈 사회적 관계는 소모적일 수 있다. 혼자 있는 것이 선물이다. 외로움이 선물이다. 혼자 있을 때 나의 역사가 이루어지는 것이다. 내 인생의 보물을 남길 수 있는 값진 시간이다.

> **라오스에서 외로웠던 경험과 결과물**
> 코로나 시절 3년간 라오스에서 혼자였다. 혼자 먹고 혼자 자고 혼자 생각하고 혼자 말하고… 결국 글을 쓰게 되었고 언론사에 기고까지 하게 되었다. 그리고 『라오스, 길에게 안부를 묻다』(천천히 때론 굼뜨게)라는 여행 에세이를 펴냈다. 라오스 정부와의 극심한 경영 갈등도 메콩강 노을길을 걸으며 실타래를 풀어보았다. 결국 어려움은 혼자 해결하는 것이다. 외로움으로부터 삶의 길을 조금 터득했다.

넷째, 늙었다는 말 입도 뻥긋 마라.

늙었다 생각하면 세포가 알아서 늙는다. 늙은이가 주책 맞게 자책하는 소리를 자주 듣는다. 자신을 낮추는 겸양의 표현이겠지만 늙었다는 그 한마디가 스스로를 늙게 만든다. 뭔가 서툴면 나이 탓으로 돌린다. 늙음을 핑계로, 변명만 늘어놓는다.

보통 65세 이상을 노인으로 본다. 우리나라 노인복지법도 그렇다. 하지만 신체 나이는 점점 젊어지고 있다. 뇌의 나이는 더 왕성해지고 있다. 바이든도 80이 되어 대통령이 되었다. 괴테는 82세에 파우스트를 탈고했다. 정치인도 다수가 60대다. 배우고 익혀야 할 나이이지방을 뺄 나이가 아니다.

스스로 늙었다고 생각하지 마라. 스스로 늙은이라고 말하지 마라. 타인의 기준도 거부하라. 늙었다는 것은 주관적인 기준일 뿐이다. 내가 젊다 생각하면 젊은 것이다. 늙었다고 잘못을 눈감아 주는 사회도 아니지 않은가? 이미 나이의 관용은 사라졌다.

다섯째, 남을 부러워 마라.

세상 어디에나 부자도 있고 가난도 있다. 60이면 잘된 자식도 있고 못난 자식도 있다. 지금도 재벌을 부러워하는가? 지금도 권력자를 부러워하는가? 사촌의 성공이 배 아픈가? 내 인생은 왜 이 모양이지, 내 자식은 왜 이 꼴이지 이런 후회를 하고 있지 않은가? 나도 그랬었고 지금도 그런지 모른다.

고급 외제차나 큰 집을 보면 욕심이 생기고 의사가 된 친구 자녀를 보면 부럽기도 하다. 그런데 그것이 내 것이 아니다. 내 것이 될 수 없는 것은 욕심이고 헛물이다. 인생의 성공 여부는 매우 주관적이다. 재벌이라고 대통령이라고 성공한 인생이 아니다. 남들이 "저 사람은 인생이 성공적이야." 그러면 정말 성공한 것이 되는가? 우리 주변에서 이런 말을 자주 하는데 정말 웃기지 않은가?

성공과 실패를 섣불리 판단하지 마라. 잘 익은 복숭아 속에는 벌레가 있다. 벌레가 파먹은 과일이 더 달콤하다. 은퇴는 비교할 시간이 아니다. 진짜 자기 인생을 사는 시간이다. 남의 것이 아닌 오직 내 것

으로 살아야 한다. 비교할 필요도 부러워할 이유도 없다. 비교부터
은퇴다.

여섯째, 내일 아침 일어나고 싶은 부푼 희망을 품어라.

젊음은 꿈과 사랑의 크기라고 했다. 꿈과 사랑이 있으면 젊음이고
없으면 늙은이다. 젊게 살고 싶다면 꿈을 가져라. 내일 아침 일어나
야 할 이유가 있는가? 해가 떴으니깐, 배도 고프니깐 힘겹게 일어나
밥을 먹는 하루 말고 '내일 아침 나를 벌떡 일으켜 세우는 꿈'이 있는
가?

이 세상에서 가장 불쌍한 사람은 아파서 죽음을 기다리는 사람일
까, 청춘인데 꿈이 없이 시간만 죽이는 사람일까? 꿈의 소유는 나이
듦과 상관없다. 내일 일어나고 싶은 꿈이 있으면 살아있는 것이다.

내일 일어날 이유가 없으면 죽은 것이다.

꿈은 삶의 생명력이다. 꿈이 있어야 눈동자에 생기가 돌고 몸에 피가 돈다. 살아있다는 것은 꿈이 있다는 것. 목숨이 다할 때까지 꿈을 꾸어라. 그게 삶의 원천이다. 삶의 진정한 가치다.

일곱째, 도전하고 베풀어라.

꿈을 꾸었다면 도전인 것이다. 새로운 것에 도전해라. 이미 잘하는 것을 더욱 잘하는 것도 도전이다. 음식이든 운전이든 글쓰기든 노래든 농사든 더욱 잘할 수 있게 노력하면 도전이다. 내가 알고 있는 것을 정리해서 후대들에게 지름길을 알려줄 수 있다. 실패의 가치도 있지만 헛된 시간을 줄일 수 있게 하면 이것도 선한 영향력이다.

베풀며 살라. 베풀면 받은 사람보다 더 행복해진다. 감사하다는 소리를 듣기 전에 먼저 내 가슴이 따뜻해지지 않던가? 그래서 먼저 베푸는 것이 좋다. 돈이든 경험이든 지혜든 모두 보석이다. 베풂은 세상에 대한 겸손이다.

> **내가 아는 전임 은행장님은**
> 서울에서 저녁모임이 있었다. 그분은 3시간 걸려 광주에서 올라왔다. 한 시간 동안 앉았다 다시 광주로 떠났다. 먼저 떠나서 미안하다며 모임비용을 내주었다. 어찌나 미안하던지… 그런데 사위가 주었다며 귀한 술까지 놓고 갔다. 먼 길 마다 않고 참석만도 고마운데, 따뜻한 여운이 사라지지 않는다.

5. 당당한 나를 지키는 금융 철학 4가지

이렇게 살아도 저렇게 살아도 한 평생이다. 비굴하게 살 필요 있을까? 하지만 비굴하고 싶지 않아도 돈이 없으면 비굴한 게 인생살이 아니던가? 특히 나이 들어 비굴하면 인생이 비참 해진다. 초라하지 않는 60대, 당당한 60대를 위해서는 무엇보다도 50대부터 금융철학을 가슴에 새겨야 한다. 그리고 철저히 실행해야 한다.

첫째, 버는 것보다 잘 쓰기에 치중하라.

생애주기상 은퇴 이후, 60대는 어디에 와 있을까? 아마도 소득의 정점을 찍고 하향하는 시기다. 대부분 정규 소득이 사라지는 시점이기도 하다. 하지만 일자리를 구하는 사람 중 60대가 20%를 넘는다. 통계청에 따르면 60대 이상 취업자 수는 2021년 540만 6000명, 2022

년 648만 명 계속 증가했다.

생계비와 사회참여가 일하는 가장 큰 이유다. 60대의 소득(3189만 원)이 20대의 소득(3114만 원)을 추월했다고 한다. 근로소득 이외 부동산 소득과 연금 소득의 영향일 것이다. 60대는 소득만큼 소비력도 강한 시기다. 버는 것도 중요하지만 잘 써야 하는 시기다.

근로소득과 자산소득, 연금소득으로 소비능력이 매우 크다. 시간과 돈, 그리고 건강까지 소비의 3박자가 갖추어진 시점이다. 해외여행과 해외 골프를 이끄는 것도 60대다. 건강한 60대가 소비 트렌드에 많이 변화를 몰고 온다.

60대는 인생 2막을 준비하는 시기이기도 하다. 직장이라는 공동체가 아닌 개인의 삶에서 가장 굵직한 업적을 남길 수 있는 시기다. 그런데 연금을 받은 돈을 몽땅 저축한다는 소식도 있다. 아껴서 자식에게 물려주려는 사람도 있단다. 취미를 개발하고 삶의 풍요를 위한 최고의 투자시기인데 말이다.

호모 헌드레드의 향후 40년을 좌우하는 최적의 투자 시기다. 60이 지나면 자신을 위한 투자 여력도 떨어진다. 놀고 싶어도 쓰지 못하는 나이가 다가온다. 60대의 건강한 소비야 말로 인생의 향로를 결정한다. 말로만 하는 인생 2막 준비가 아니라 자신을 위한 과감한 투자가 필요하다. 여행도 좋다. 배움도 좋다. 무조건 시작하라. 설렐 때 떠나라, 다리가 떨리기 전에!

둘째, 사기 천국에서 생존을 위한 금융지식을 습득하라.

금융사기는 날로 다양화 지능화되고 있다. 고전적인 대출사기, 다단계 사기 이외에도 보이스 피싱/메신저 피싱, 파밍과 피싱 사이트, 스미싱 등 상상을 초월한 사기가 판을 치고 있다. 이러다 대한민국이 사기 종주국이 될 것 같다.

5~60대가 메인 타깃이다. 은퇴 자금과 연금이 사기꾼들에게는 좋은 먹잇감이다. 더구나 정보나 IT에 상대적으로 둔감한 세대, SNS는 속이려는 자와 속지 않으려는 자의 전쟁터다. 하루에도 수십 건의 사기투자 유인문자나 사기 로또 번호가 날아온다. 차단을 걸고 삭제를 눌러도 날아온다. 정부는 사기도 사업이라고 보호하고 있는 것일까?

만약 은퇴 이후 사기를 당했다면 인생 후반이 힘들어진다. 모았던 재산을 다 날린 사람도 많다. 주변을 보라. 피싱에 낚인 사람이 한둘

이 아니다. 버는 것보다 지키는 것이 더 힘들다. 요즘 유명인을 사칭한 금융사기 피해액만 1조 원대라 한다. 사회적으로 유명한 기업인, 교수, 작가 등으로 둔갑하여 사진과 광고 문구를 내세우며 투자를 유인한다. 온라인상 신분은 교수였으나 실제 누구인지도 모른다. 하나님도 모르고 검찰도 모르고 부부도 모른다. 온라인상에서 사라지면 추적하기가 쉽지 않다. 사기 혐의로 고발하더라도 신분은 고사하고 국적조차 알아내기가 쉽지 않다. 잃었던 돈을 다시 찾기란 거의 불가능하다.

금융사기를 당하지 않으려면 어떻게 해야 할까? 높은 수익률을 제시하면 의심하라. 이유도 없이 호의를 베풀면 '왜 그러지'라며 의심하지 않는가? SNS 상 유명인 광고는 다 사기라고 생각하면 된다. 금융 계좌를 요구하면 절대 알려주어서는 안 된다. 갑자기 돈을 송금하라면, 절대 부치지 마라.

무엇보다 금융지식과 IT 지식을 습득하라. 사이버대학이든 방송통신대든 미래교육원이든 구청이든 시청이든 배울 곳은 널려있다. 세상이 어떻게 돌아가고 있는지 알아야 대처할 거 아닌가? 책이든 강좌든 기회가 날 때마다 듣고 지식의 영역을 넓혀라. 당신이 자고 있는 동안 사막의 여우가 몰려든다. 쉰내가 나면 당신을 뜯어먹으려 한다.

셋째, 연금 지식을 습득하라.

60대 이후 연금이 주 소득원이 된다. 물론 근로소득이나 사업소득 등이 지속된다면 좋겠지만 대부분 연금에 많이 의존해야 할 것이다. 그러니 연금에 대하여 잘 알아두어야 한다. 공적연금, 특히 국민연금에 대하여 잘 알아 두어라. 공무원연금, 우체국 연금, 군인연금, 사학연금은 직무연금이고 대다수 직장인들은 국민연금에 가입되었다. 본인의 수급액과 수령 시기는? 국민연금 수급시기는 연령에 따라 차이가 난다. 1969년 이후 출생자는 65세에 연금을 수령한다. 2024년에는 1961년생이 연금 수령을 개시한다. 연금개혁 논의가 계속되고 있어 수정사항이 발생할 수도 있다.

출생년도	1952	1953~1956	1957~1960	1961~1964	1965~1968	1969~
연금개시	60세	61세	62세	63세	64세	65세

　　법에 정해진 시기에만 받는 것은 아니다. 조기 수령이나 연기 수령도 가능하다. 1년 조기 수령의 경우 수령액의 6%가 차감된다. 최대 5년이면 30%까지 차감되어 받을 수 있다. 1년 연기 수령의 경우 수령액의 7.2%가 증액된다. 최대 5년 연기하면 수령액이 36%가 증가한다.

　　요즘 국민연금 조기수령 열풍이 불고 있다. 첫째, 얼마 살지 모르니 일찍 타 먹자. 둘째, 연금 소진 불안으로 일찍 타 먹자. 셋째, 30% 감액하면 년 연금 총액이 줄어 피부양자요건을 충족하거나 종합소득세 징구대상에서 빠져나가려는 생각이다.

개인의 상황에 따라 선택하면 된다. 다만 매년 물가 상승률만큼 연금은 비율로 오른다. 많은 금액을 받을수록 더 많이 받게 된다는 것을 기억하라. 국민연금 말고, 개인적으로 준비한 사적연금도 있다. 회사의 퇴직연금과 개인연금이다.

사적연금은 아직 건강보험료나 종합소득세 징구대상이 아니다. 10년 또는 5년간 수령할 수 있도록 제도화되어 있다. 특별한 이유 없이 사적연금 수령을 연기할 이유는 없다. 반면에 공적연금(국민연금)은 수령액의 50%에 대하여 건강보험료가 징구된다.

만약 금융자산이 많아 건강보험료와 종합소득세가 걱정이라면 비과세 금융상품이나, ISA와 브라질 국채, 비과세 펀드를 이용하라. 이들 상품은 건강보험료나 종합소득세 징구대상이 아니다. 건강보험료의 피부양자자격 소득기준에도 포함되지 않는다. 자산이 많아 이런 고민이라도 해보았으면 하는 사람들도 많다. 이런 고민을 하고 있는 당신은 그래도 노후 안전망을 구축하고 있는 것이다.

은퇴 이후 연금자산을 어떻게 수령하고 운영할 것인가? 합법적 세테크를 통한 재테크 전략이 중요하다. 평생 준조세성격의 건강보험 부담을 어떻게 해결할 것인가? 자산을 늘리는 것보다 더 중요할 수 있다. 이제 세테크가 재테크다.

넷째, 60대 이후 건강은 돈이다.

노후에 가장 많은 지출은 병이다. 건강하면 의료비가 안 들어간다.

고령사회에서 어쩔 수 없는 부분이다. 건강을 잃으면 삶의 질이 떨어지고 삶의 의욕마저 앗아가기도 한다.

건강은 행복의 기본 조건이며 삶의 척도다. 지금은 백세시대^{Homo Hundred}라고 한다. 100세니 120세니 장수는 건강했을 때 이야기다. 한국인의 평균 지병 기간은 10년 이상이다. 100세라 해도 요양원에 의식 없이 누워 있다면 무슨 의미가 있을까? 건강한 장수라야 의미가 있는 것이다. 유병장수가 아닌 무병장수여야 한다.

일본에서는 이미 노노^{老老} 케어가 성행하고 있다. 젊은이들은 놀면 놀지 힘든 일을 안 한다. 건강한 노인이 아픈 노인을 돌보고 있다. 아픈 노인은 돈을 내고 건강한 노인은 돈을 번다. 즉 건강 자체가 돈이 되는 사회가 되고 있다. 우리나라도 마찬가지다.

병원에 가보라. 간병인은 주로 중국교포들이다. 요즘 하루 간병비

가 15만 원 이상이다. 국내 간병인을 쓰면 20만 원 이상이다. 간병인들은 60대도 없다. 대부분 70대다. 요양병원이나 정형외과 병실마다 90대 환자가 많다. 이를 돌볼 국내 간병인은 찾아보기 힘들다.

열흘만 간병해도 200만 원을 벌고 열흘만 누워있어도 200만원이 나가야 한다. 60대, 최고의 돈벌이는 건강이다. 건강하면 돈도 나가지 않고 돈이 들어온다. 60대의 건강은 돈, 장수, 삶의 질, 행복 모든 것을 결정하는 주춧돌이다.

6. 지금이 전성기다, 돛을 올려라

어떤 모습의 은퇴 이후를 맞이하겠는가? 인생 후반을 어떻게 준비하겠는가? 삶을 군이 이모작이니 삼모작이니 구분할 필요는 없다. 삶은 하나, 통이다. 은퇴라고 해서 고달파 할 필요는 없다. 은퇴는 하나의 노을이다. 하루의 끝을 정리하는 노을. 노을은 다른 의미로 또 다른 시작이다. 꿈을 꾸고 새날을 맞이하는 초저녁이다.

인생 최고 전성기는 언제일까? 세상을 관통한 철학자들은 언제라고 했을까? 니체는 능력을 발휘하고 가치를 인정받는 시기라고 했다. 삶은 고통이라고 설파했던 쇼펜하우어는 자신의 내면을 탐구하여 존재이유를 찾는 시기라고 했다. 소크라테스는 내면의 진리를 찾아 실현하는 시기라고 했다. 그의 제자 플라톤은 내면의 이데아를 발견하고 실현하는 시기라고 했다. 仁의 공자는 내면의 인을 찾아 실행하는 시기라고 말했다. 모두 내면의 진리를 찾아 실현하는 시기가 인생의 전성기라고 했다. 백세 철학자 김형석 교수도 60~75세가 자기 인생의 전성기라고 말했다. 많은 사람들이 말한다. 이런 질문을 하고 있는 지금이 전성기라고…. 죽을 때까지 전성기라고.

60대는 경험이 축적되었다. 이미 핏속에 지도가 박혀있어 가면 길이 된다. 무모한 도전자인 돈키호테, 고민만 하는 햄릿 중 무엇을 선택할 것인가? 햄릿의 그 유명한 한마디 "To be or not to be"인가? 돈키호테의 "미쳐서 살다가 제정신으로 죽는다"인가? 어떻게 살 것인가? 60이 되었다면 돈키호테라야 한다.

스페인의 대문호 세르반테스는 50이 넘어서 돈키호테를 저술하여 1605년에 내놨다. 전쟁과 감방 경험을 써낸 그의 이야기다. 60이 다되어 걸작을 만들어낸 것이다. 도전하는 돈키호테가 되어야 한다. 나를 사랑할 용기가 있다면 진격하라. 그리고 당신의 심장에 세계지도를 그려라.

은퇴를 앞두고 행복을 추구하는 것이 아니다. 얼마나 추상적인 허울인가? 취미든 특기든 좋아하는 일을 찾는 것이 먼저다. 그리고 죽을 때까지 좋아하는 일을 하는 것이다. 그게 인생 장인이다.

나는 도전자가 되고자 고려대 명강사최고위 과정에 등록했다. 과정 내내 생동감이 뜨거웠다. 첫 날부터, 명강의 품격을 높이는 홍웅식 회장님, 강래경 회장님, 80대의 현역 김상홍 총장님, 병마를 극복한 최영선 강사님, 명품강사 서일정 총장님 모두가 나의 멘토이며 이 글을 쓰게 만든 주인공이다.

학창시절 종아리를 따갑게 때렸던 김무웅 선생님, 김일주 선생님. 직장생활에서 상사의 모델이었던 이용호 고문님, 정찬우 이사장님, 세상을 긍정으로 이끄는 권영상 대표변호사님 모두가 이 준비서를 던져준 은인들이다.

라오스에서 붉은 태양을 비어라오(BeerLao)의 입김으로 구름을 함께 만들었던 김정현 법인장, 김병철 사장, 서원삼 공사, 유승각 센터장, 이창석 이사. 푸른 꿈은 푸른 잔디 위에 있다며 벌러덩 함께 누워 한낮을 보냈던 유점승 행장님, 정창복 법인장님 모두가 이 세상 함께 살아가는 눈물 같은 동행자다.

만학의 인연으로 만난 고려대 19기 원우님과 조영순, 이문재 운영 강사님은 이 준비서의 공동 작업자다. 동행의 끈을 잡고 잘 수행하는

지 지켜봐 주는 감시자다. 든든한 협력자들과 함께 가면 되는 것이다. 승선은 끝났다. 이제 출항이다. 인생 전성기를 향해서.

　나는 이미 명강사다. 나는 이미 작가다. 나는 이미 블로거다. 나는 이미 평생을 당당하게 살기로 했다. 나는 신춘문예 도전자다. 끝내 해내고 마는 인내와 끈기와 열정의 불사신이다. 미국에서 MBA를 취득하면서 했던 공부보다 라오스에서 영어를 더 많이 공부했다. 왜? 나는 내 인생을 가만두지 않는다. 나는 지금 내 길을 가고 있다. 이것이 나를 당당하게 만드는 은퇴준비보고서다. 동행의 끈이다.

1. 시작, Silkroad를 열다

2. 작가의 첫발, 산정호수에서 공저 Workshop

3. 명강사를 명강의로 홀리다

4. 소·화·재, 소통에 브랜드를 입히다

5. 험로, 명강사 줄탁동시(啐啄同時)의 코칭

6. 여정의 마무리, 19기 명강사호 출항

김은주 김은혁 김지수

백옥희 송정숙 송정훈

신은재 엄윤숙 이수병

이지현 조형만 황의천

고려대
명강사
최고위과정 19기

1판 1쇄 펴낸날 2024년 6월 29일

지은이 이수병 · 송정훈 · 조형만 · 김지수 · 백옥희 · 엄윤숙 ·
김은주 · 신은재 · 이지현 · 송정숙 · 김은혁 · 황의천 ·

펴낸이 나성원
펴낸곳 나비의활주로

책임편집 김정웅
디자인 BIG WAVE

전화 070-7643-7272
팩스 02-6499-0595
전자우편 butterflyrun@naver.com
출판등록 제2010-000138호
상표등록 제40-1362154호
ISBN 979-11-93110-37-9 03320